100,5 TRUCS POUR TE FACILITER LA VIE

W0278890

AVERTISSEMENT AU LECTEUR

Ni l'éditeur ni les auteurs ne peuvent être tenus responsables pour quelque perte ou réclamation que ce soit relative au bon ou mauvais usage des astuces figurant dans cet ouvrage.

100,5 TRUCS POUR TE FACILITER LA VIE

Daniil Korchounov et Nabil Bereriche

SIMPLE
ET
EFFICACE

RÉPARER une balle de ping-pong cabossée

Parmi les choses les moins satisfaisantes sur Terre, il semblerait que la balle de ping-pong cabossée soit en très bonne position. Votre vie a basculé une première fois quand vous avez découvert la signification du logo Carrefour, elle va à nouveau changer dans quelques instants.

MATÉRIEL NÉCESSAIRE :

- Des balles de ping-pong abîmées
- Une casserole d'eau bouillante

MARCHE À SUIVRE :

- Faire bouillir de l'eau
- Plonger les balles de ping-pong dans l'eau
- Les retirer une fois que toutes les bosses ont disparu

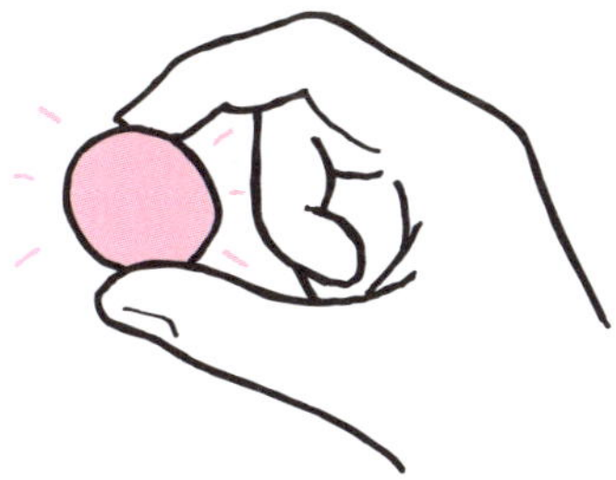

MISE EN GARDE

Pensez à prévenir les personnes qui vivent chez vous que vous réalisez cette astuce. Votre petit frère pourrait confondre les balles avec des œufs. Ces dernières seraient moins efficaces pour jouer si elles sont au fond de son estomac.

FABRIQUER
un marque-page magique

Certains livres ne se lisent pas en une seule soirée. On peut penser par exemple à *La Recherche du temps perdu* de Marcel Proust ou encore *Tchoupi et le petit vélo rouge*. Pour marquer un arrêt dans la lecture, beaucoup de personnes utilisent un marque-page. Petit inconvénient : on peut facilement le perdre. J'ai une solution pour vous.

MATÉRIEL NÉCESSAIRE :

- Un élastique
- Un trombone

MARCHE À SUIVRE :

- Faire glisser l'élastique par la gauche ou par la droite selon la page que vous voulez garder
- Le trombone sert à marquer la ligne

DIFFICULTÉ

Si vous avez des mains, ça devrait bien se passer.

PORTER SES COURSES sans s'arracher les doigts

Vous venez de faire autant de courses que si Kim Jong-un menaçait de faire sauter la planète et qu'il vous fallait des réserves de plusieurs mois. Dans vos mains, les packs d'eau minérale vous font l'impression d'être de gros blocs de ciment. Le plastique du sac glisse sur vos phalanges et tire sur vos doigts. Cette situation ne peut plus durer, il faut agir, et vite.

MATÉRIEL NÉCESSAIRE :

- Un mousqueton
- Un sac de courses très lourd

MARCHE À SUIVRE :

- Attacher les poignées du sac avec un mousqueton
- Tenir le sac par le mousqueton

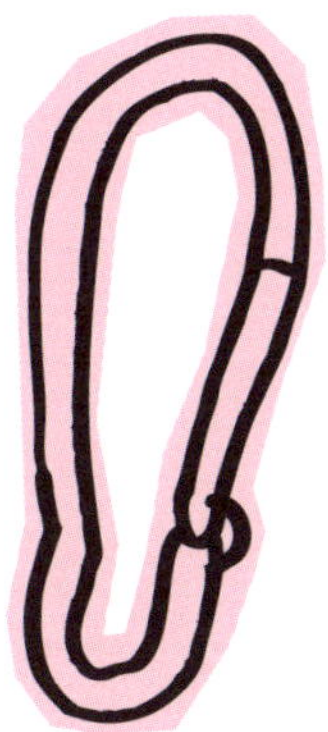

CE QU'ON SAIT DÉSORMAIS

Voilà la preuve que le mousqueton n'est pas un outil réservé aux alpinistes et aux porte-clés des profs de techno.

ALLONGER LA DURÉE DE VIE des bougies

C'est un peu radin de faire des économies sur les bougies, comme préparer 4 ou 5 thés avec le même sachet. Mais là, il y a urgence. Admettons que vous prépariez un dîner aux chandelles, mais qu'il ne vous reste qu'une ou deux bougies. Pas de panique !

MATÉRIEL NÉCESSAIRE :

- Un congélateur
- Les bougies qui vous restent

MARCHE À SUIVRE :

- Déposer les bougies au congélateur pendant 24 heures
- Allumer les bougies

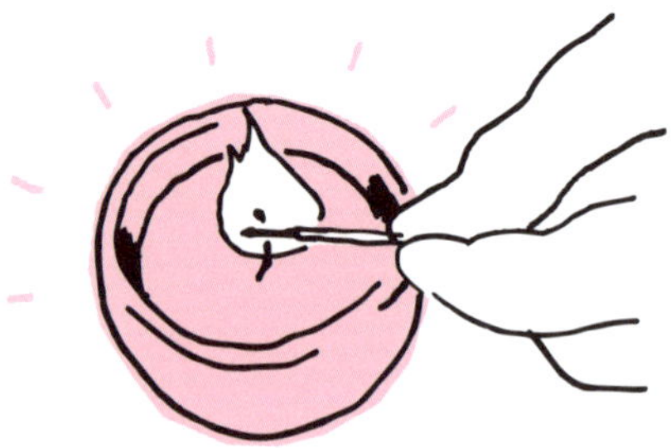

CONSÉQUENCE ET MISE EN GARDE

Vos bougies dureront beaucoup plus longtemps, et votre soirée romantique aussi. Pensez quand même à racheter du thé.

SE RÉCHAUFFER les pieds

Vous avez souvent froid aux pieds ou aux mains, mais vous n'avez pas envie de sortir de chez vous pour acheter une bouillotte ou un radiateur supplémentaire. D'abord parce que ça caille, et puis parce que c'est cher. Eh bien voici comment fabriquer une bouillotte sèche avec des objets que vous avez déjà chez vous.

MATÉRIEL NÉCESSAIRE :

- Du riz
- Une chaussette (propre, de préférence)
- Un micro-ondes

MARCHE À SUIVRE :

- Remplir une chaussette avec du riz
- Faire un nœud au bout de la chaussette
- Mettre au micro-ondes pendant 2-3 minutes
- Poser au contact de la partie que vous souhaitez réchauffer

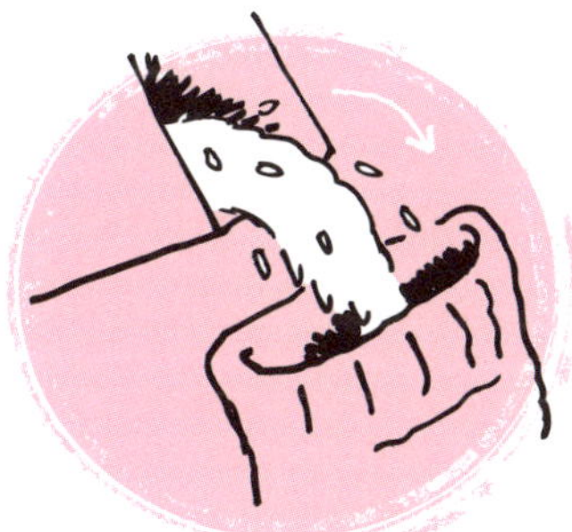

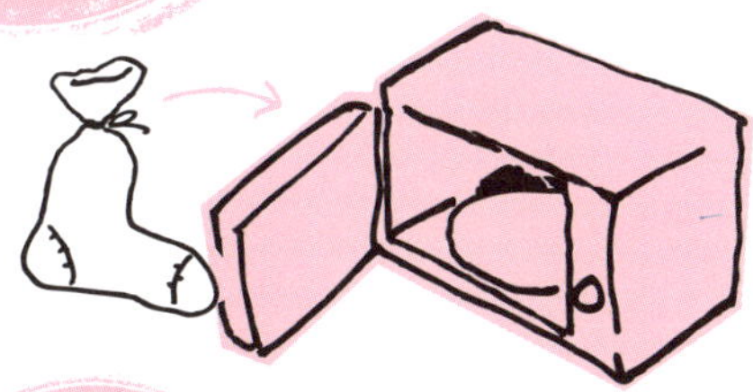

POURQUOI ÇA FONCTIONNE ?

Le riz possède la particularité de conserver la chaleur pendant un long moment. Qu'on ne vienne pas me dire que les sushis sont le truc le plus cool à faire avec du riz.

DANS LA TROUSSE

RÉANIMER un stylo

Vous n'avez pas envie de perdre vingt minutes de votre examen à chercher un stylo fonctionnel dans votre trousse. Entre le stylo 4 couleurs dont seul le vert a survécu, et celui, tout sec, que vous aviez récupéré il y a quatre ans lors d'un Salon, pas facile de tomber sur la bonne pioche. Oui, j'ai la solution, et non, il ne faudra pas gribouiller votre semelle de chaussure.

MATÉRIEL NÉCESSAIRE :

- Un stylo qui n'écrit pas
- Un briquet

MARCHE À SUIVRE :

- Sortir la tige d'encre du stylo
- Chauffer la pointe (pas trop longtemps, juste quelques secondes pour rendre liquide l'encre de la tige)

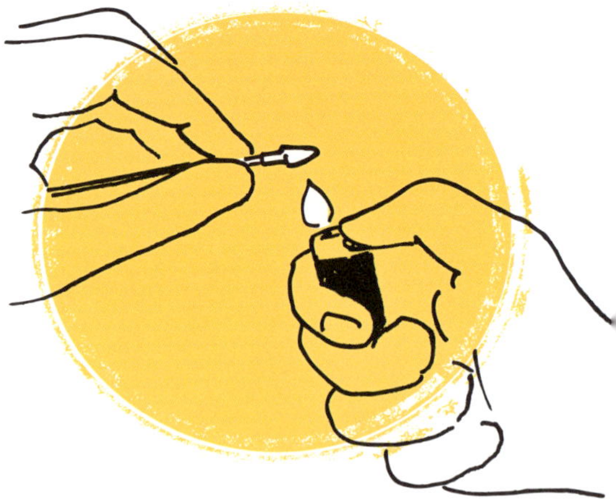

MISE EN GARDE

Votre stylo a ressuscité, c'est cool, mais ne faites pas cette opération pendant l'examen : ça pourrait faire flipper les surveillants, sauf si le contrôle porte sur la réanimation de stylos (on ne sait jamais).

AIGUISER DES CISEAUX avec un bocal

Comme Renaud dans son dernier album, vos ciseaux ont perdu de leur verve et de leur tranchant. Heureusement, il existe une solution (pour les ciseaux).

MATÉRIEL NÉCESSAIRE :

- Des ciseaux
- Un bocal en verre

MARCHE À SUIVRE :

- Entourer le bocal avec les lames des ciseaux
- Faire comme si vous vouliez le découper

P-S

Il me reste de la place, j'en profite pour vous raconter ma vie. J'ai visité le musée Erarta à Saint-Pét' la semaine dernière, il y avait une super expo sur Fabergé. J'ai appris l'histoire de cet Américain qui a acheté un des célèbres œufs pour 10 000 € dans un marché aux puces avant de s'apercevoir de son acquisition : il s'agissait de l'un des « œufs disparus » d'une valeur de 24 millions d'euros ! Incroyable, non ?

GAGNER LA GUERRE
de l'ardoise blanche *vs* le marqueur indélébile

Si vous êtes adepte des ardoises blanches chez vous ou en cours, vous savez que ces tableaux ne sont pas éternels. Avec le temps ou après un coup de marqueur indélébile, l'ardoise blanche devient l'ardoise « ciel breton ». J'ai de quoi faire revenir les beaux jours sur votre ardoise.

MATÉRIEL NÉCESSAIRE :

- Une ardoise blanche
- Un déodorant en spray
- Du sopalin

MARCHE À SUIVRE :

- Asperger la surface de l'ardoise avec le déodorant
- Essuyer avec du sopalin
- Votre ardoise est comme neuve !

CE QU'ON SAIT DÉSORMAIS

Vous découvrez un des rares cas où le déodorant va vous permettre de nettoyer quelque chose. En ce qui concerne votre hygiène perso, un coup de déo ne vous dispense jamais d'une bonne douche.

FABRIQUER UNE GOMME d'appoint

Injustice ! Pourquoi les gommes des crayons se terminent toujours plus vite que le crayon lui-même ? Et quel intérêt d'avoir un crayon sans gomme ? C'est comme une gomme sans crayon ! Pour remédier à ce problème, on va utiliser un élastique de bureau, ce truc qui traîne et dont on ne sait pas à quoi il peut bien servir. C'est parti.

MATÉRIEL NÉCESSAIRE :

- Un crayon sans gomme
- Un élastique en caoutchouc

MARCHE À SUIVRE :

- Entourer l'élastique autour de l'extrémité du crayon
- Effacer vos traces de crayon avec l'élastique

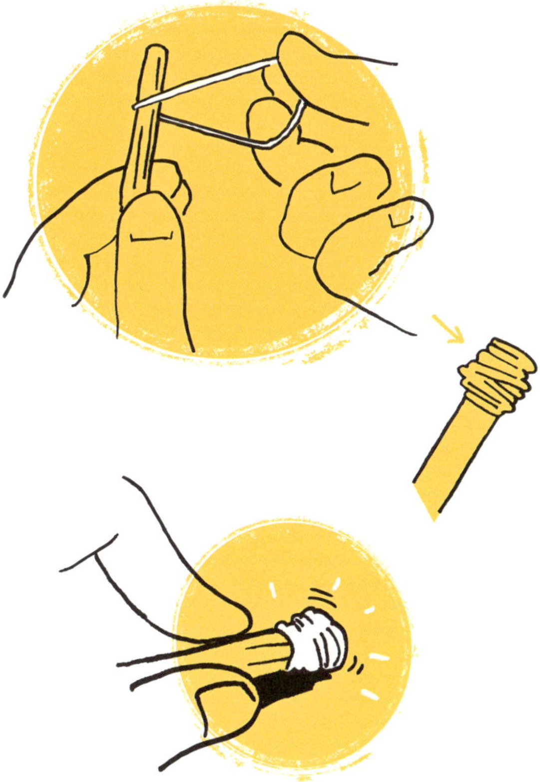

CE QU'ON SAIT DÉSORMAIS

Voilà comment, avec un peu d'inventivité, un objet inutile va sauver vos notes et dessins.

LE RANGEMENT

AUGMENTER LA CAPACITÉ de son armoire

Vous êtes un shopping addict, ou juste quelqu'un qui a une armoire trop petite pour votre énorme imagination vestimentaire ? Il faut vite faire quelque chose pour augmenter la capacité de votre armoire. Pas d'inquiétude : on ne va pas détruire la vôtre, sachant le mal que vous vous êtes donné à la monter.

MATÉRIEL NÉCESSAIRE :

- Des cintres
- Une canette

MARCHE À SUIVRE :

- Décrocher l'anneau d'ouverture facile de la canette
- Passer l'anneau dans le crochet d'un premier cintre
- Accrocher un deuxième cintre dans le deuxième trou de l'anneau

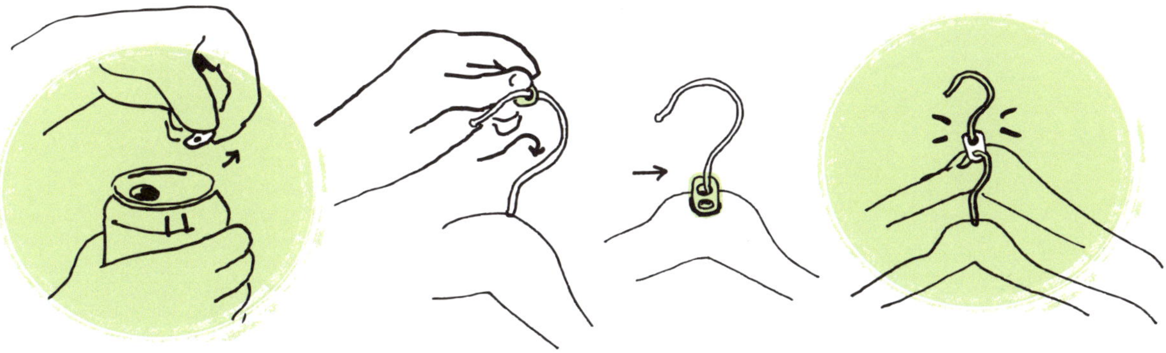

POURQUOI ÇA CHANGE LA VIE ?

Vos vêtements seront accrochés l'un en dessous de l'autre et prendront beaucoup moins de place dans l'armoire. Vous pouvez retourner faire du shopping. L'opération peut être réitérée jusqu'à ce que vos vêtements traînent par terre.

AMÉLIORER UN CINTRE qui glisse

Vous aimez porter des débardeurs en été parce que vous estimez que la planète mérite de voir vos jolies épaules. Le problème avec les débardeurs à très fines bretelles, c'est qu'ils ne tiennent pas du tout sur un cintre. Eh bien on va voir ça !

MATÉRIEL NÉCESSAIRE :

- Des élastiques
- Un cintre
- Un débardeur

MARCHE À SUIVRE :

- Accrocher un élastique sur chaque extrémité du cintre
- Mettre le débardeur sur le cintre

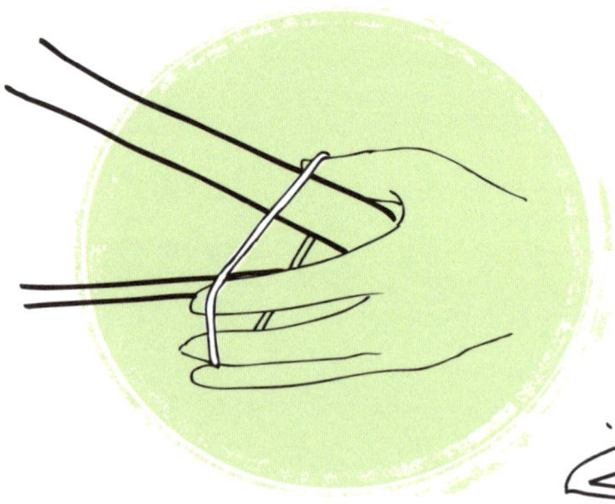

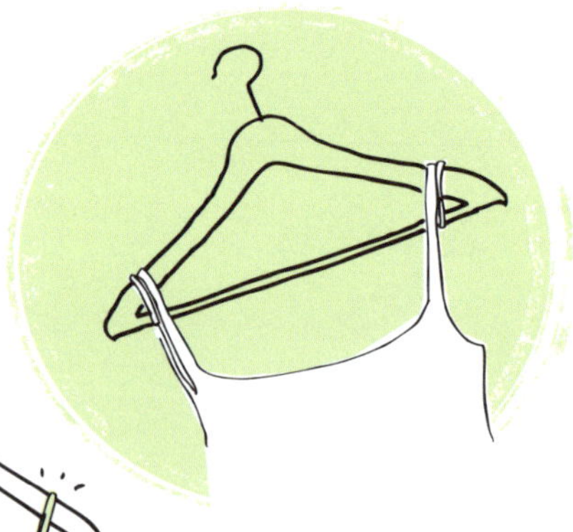

POURQUOI ÇA FONCTIONNE ?

Les élastiques vont empêcher le débardeur de glisser. Après, une fois que vous le portez, rien ne vous empêche de faire tomber une bretelle de votre épaule pour attirer des regards.

RÉSOUDRE VOTRE PROBLÈME de sacs plastique

J'ai essayé de compiler des astuces aussi écologiques que possible. Celle-ci l'est un peu moins puisqu'elle est 100 % plastique. Mais si vous êtes en galère, elle peut être bien utile. L'humain moderne a un problème de sacs plastique. Souvent, il en a trop pour l'usage qu'il en fait réellement, mais jamais assez à son goût : le fameux « Je le garde okazoù, on sait jamais ». Un placard où s'entassent plein de sachets, ça laisse forcément moins de place pour mettre, euh… ce livre (ceci est un exemple désintéressé et totalement aléatoire).

MATÉRIEL NÉCESSAIRE :

- Une bouteille en plastique
- Plein (mais alors PLEIN) de sachets en plastique

MARCHE À SUIVRE :

- Couper le bas de la bouteille
- Déposer les sachets à plat les uns sur les autres
- Les enrouler
- Insérer ce cylindre de sacs dans la bouteille
- Retirer un à un les sachets par le goulot

POURQUOI ÇA CHANGE LA VIE ?

Ça vous fait un ennui domestique en moins. Vous pouvez maintenant vous concentrer sur les câbles qui traînent partout. Ça tombe bien, il y a une astuce pour ça aussi ! (voir page 138)

LE BRICOLAGE

PEINDRE propement

Vous devez repeindre un mur, mais vous connaissez votre aptitude à être un boulet et à tacher tout ce que vous touchez. Je ne vous promets pas que vous allez faire du travail de pro, mais au moins vous limiterez les dégâts.

MATÉRIEL NÉCESSAIRE :

- Un pot de peinture
- Un pinceau
- Un long élastique résistant

MARCHE À SUIVRE :

- Ouvrir le pot de peinture
- Mettre l'élastique autour du pot de manière qu'il coupe perpendiculairement le haut du pot
- Essuyer le pinceau sur l'élastique chaque fois que vous le sortez, sachant que plus l'élastique sera large, plus vous aurez de chances d'avoir un essuyage de qualité

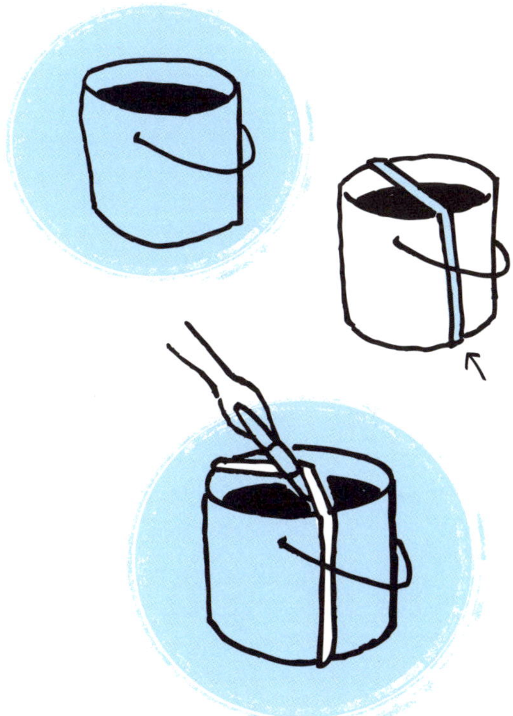

DIFFICULTÉ

Aussi facile que de mémoriser le refrain de la chanson « Chihuahua ». Si vous arrivez à en mettre partout après ça, pensez à consulter quand même, ça doit être clinique.

COUPER
le scotch

Parfois, trouver l'amour est plus simple que de trouver le bout du scotch. Pour ce dernier cas, il existe une solution que vous connaissez déjà sans doute : replier le bout du scotch sur lui-même à la fin de chaque utilisation. Mais ça, c'est beaucoup trop facile pour vous ! Il vous faut de l'astuce surprenante. Alors on va apprendre comment découper le scotch sans ciseaux et sans peine.

MATÉRIEL NÉCESSAIRE :

- Un cutter
- Du scotch
- Une pince

MARCHE À SUIVRE :

- À l'aide d'une pince, détacher une partie de la lame de cutter
- Avec un morceau de scotch, faire le tour du rouleau en gardant la partie collante à l'extérieur
- Poser le morceau de lame sur la partie qui colle, de façon qu'elle dépasse un peu
- Recouvrir le tout avec un autre morceau de scotch, mais cette fois la partie collante devra se situer dans l'autre sens, afin de bien fixer la lame

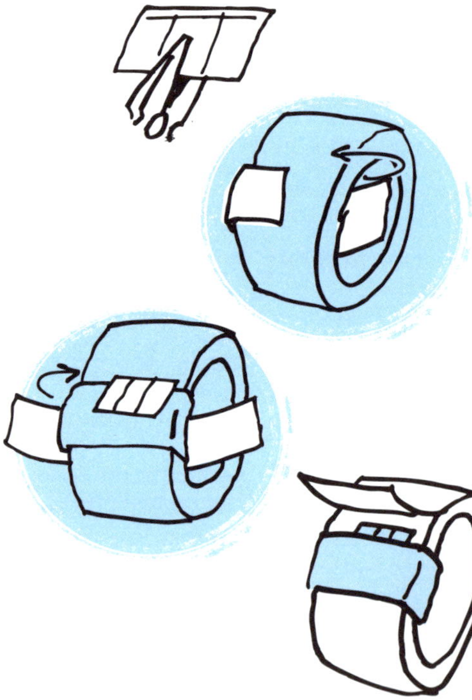

POURQUOI ÇA CHANGE LA VIE ?

Vous n'êtes plus obligé de couper le scotch avec vos dents tel un homme des cavernes qui s'acharne sur un morceau de mammouth.

PERCER UN TROU sans en mettre partout

Percer un trou, c'est la garantie de réveiller votre voisin en fanfare et de pouvoir enfin accrocher des cadres d'Afida Turner dans votre salon. Mais bien souvent, vous vous retrouvez avec beaucoup de résidus de perçage sur le sol. Voici comment éviter ce problème.

MATÉRIEL NÉCESSAIRE :

- Une perceuse
- Un Post-it®
- Un mur

MARCHE À SUIVRE :

- Plier le Post-it® de manière que ce dernier forme un angle aigu
- Le coller juste en dessous du trou que vous devez percer
- Recueillir les résidus

POURQUOI ÇA CHANGE LA VIE ?

Tellement simple et génial que même si votre voisin débarque pour vous défoncer parce que c'est dimanche et qu'il est 7 heures du matin, il s'arrêtera net et vous serrera la main.

LA DÉCO

GONFLER DES BALLONS à la cool

Vous préparez votre soirée d'anniversaire, ou vous voulez installer une piscine de ballons dans votre salon. Vous devrez donc gonfler une quantité importante de ballons. Problème : vous avez systématiquement la tête qui tourne après en avoir gonflé trois à la suite, sans parler de cette douleur atroce à la mâchoire. Fabriquez-vous un gonfleur de ballons ! C'est un brin technique, mais vous serez d'autant plus heureux une fois que vous aurez ce formidable objet entre les mains.

MATÉRIEL NÉCESSAIRE :

- Une bouteille en plastique
- Des ballons
- Du scotch

MARCHE À SUIVRE :

- Faire un trou rectangulaire dans le bouchon de la bouteille
- Découper un morceau de ballon
- Coller ce morceau sur le bouchon, en laissant un côté non collé pour que l'air puisse passer dans un sens, mais pas dans l'autre
- Faire un trou sur le côté de la bouteille
- Enfiler le ballon sur le goulot fermé par le bouchon
- Appuyer sur la bouteille en gardant le doigt au niveau du trou
- Retirer le doigt et bim, la bouteille se regonfle sans dégonfler le ballon
- Recommencer jusqu'à ce que le ballon soit aussi gonflé que votre ventre après un repas chez mamie

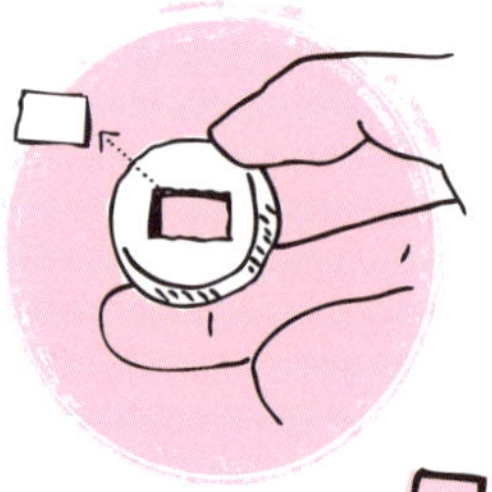

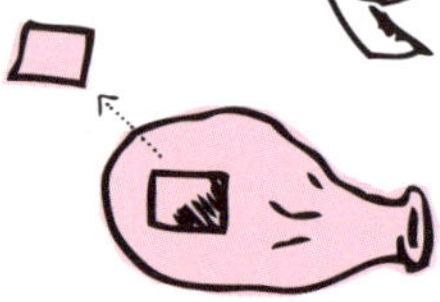

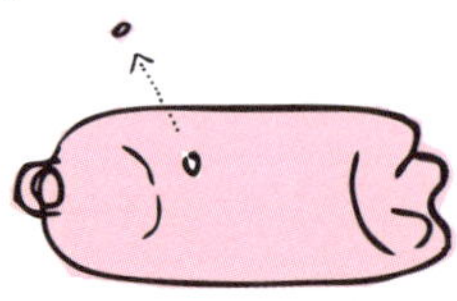

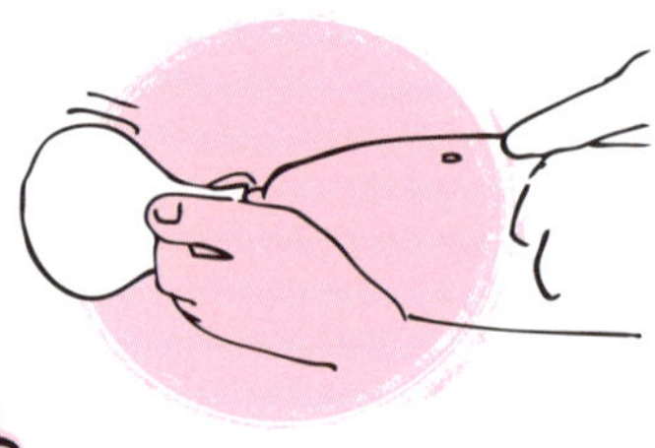

À SAVOIR

Selon une étude américaine, 90 % des gens qui utilisent cette méthode sont plus heureux en amour. Selon une autre étude, 90 % des études américaines n'ont jamais existé.

NOUER
un ballon

Je sais que vous ignorez comment nouer un ballon correctement. Vos doigts sont trop gros, ou alors les ballons sont trop petits. Et une fois sur deux, le ballon vous échappe des mains et part à toute allure dans tous les sens, tel un chat à qui on aurait marché sur la queue.

MATÉRIEL NÉCESSAIRE :

- Un ballon de baudruche
- Une pince

MARCHE À SUIVRE :

- Gonfler le ballon
- Faire le tour de la pince avec le bout du ballon
- Écarter la pince afin de pouvoir nouer facilement le ballon

POURQUOI ÇA CHANGE LA VIE ?

Oui je sais, c'est impressionnant, je sens que vous en avez la gorge nouée… Mais j'arrête avant de devenir gonflant. (Tex, si tu lis ce livre, sache que tu peux me contacter sur l'adresse mail à la fin du bouquin.)

ACCROCHER un cadre

Vous avez un cadre à accrocher au mur, mais il ne possède aucune fixation ?
S'il vous reste une canette de soda qui traîne dans la cuisine, vous êtes sauvé !

MATÉRIEL NÉCESSAIRE :

- Une canette
- Un cadre
- Une punaise
- Un clou

MARCHE À SUIVRE :

- Décrocher l'anneau d'ouverture facile de la canette
- Fixer l'anneau à l'arrière du cadre à l'aide de la punaise
- Mettre un clou dans le mur à l'endroit voulu (par exemple aux toilettes, s'il s'agit de votre diplôme du brevet)
- Enfiler l'anneau sur le clou
- Faire admirer au monde votre superbe œuvre d'art

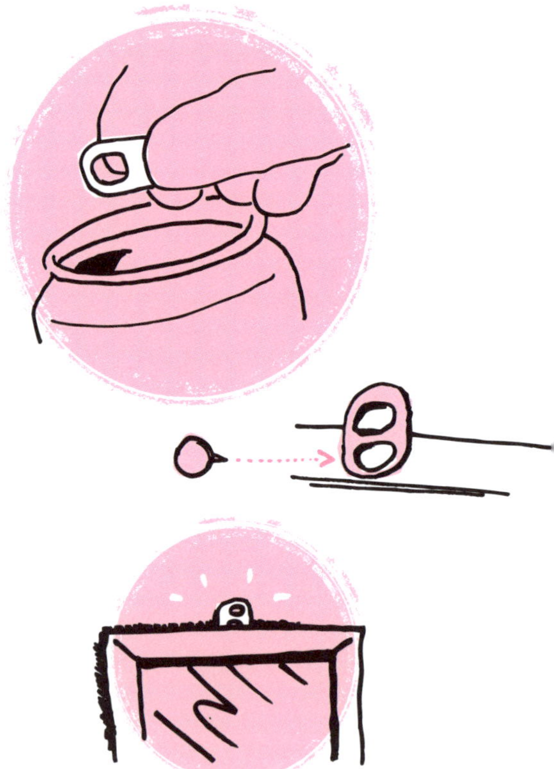

DIFFICULTÉ

Aussi rapide à exécuter qu'un tableau monochrome de Malevitch. Et un chouïa moins cher.

FIXER UN CADRE à plusieurs trous

Vous devez fixer au mur un porte-manteau ou tout autre objet possédant plus d'un trou à clou. Mais c'est toujours dur de les aligner et de garder exactement les mêmes distances entre les trous. Voici une façon de ne jamais se tromper.

MATÉRIEL NÉCESSAIRE :

- Du scotch de masquage (celui qui est un peu jaune et qui se déchire facilement)
- Un crayon
- Un mur
- Des clous

MARCHE À SUIVRE :

- Coller un morceau de scotch sur l'arrière de l'objet à fixer
- Marquer au crayon l'emplacement des trous
- Décoller le scotch de l'objet
- Le placer sur le mur
- Percer ou mettre des clous aux endroits marqués
- Retirer le scotch

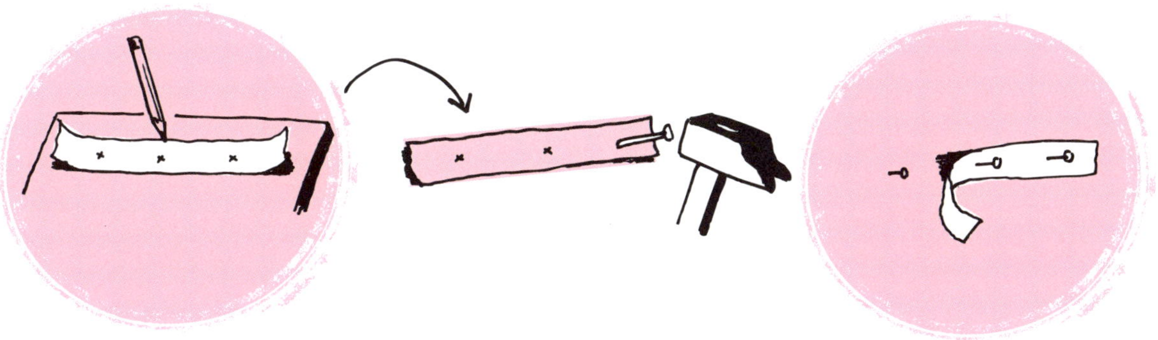

CONSÉQUENCE ET MISE EN GARDE

Si vous suivez ces étapes, votre objet sera impeccablement fixé. Vous aurez évité en toute simplicité de faire 10 trous dans le mur. En revanche, rien ici ne vous aide à fixer l'objet bien droit : appliquez-vous un peu. Enfin, rangez le scotch au fond d'un tiroir dans lequel vous ne le retrouverez plus jamais.

BIEN
SAPÉ

DÉCOINCER une fermeture Éclair

La « fermeture Éclair », « fermeture à glissière », « fermeture à crémaillère », « tirette », « zip », ou encore « saleté de foutu machin qui s'est encore coincé comment ça marche ce truc mais c'est pas possible ». Tant de noms différents pour un si petit truc. En plus d'être ridicule, essayer de forcer sur la fermeture risque de la casser. Voici une astuce… éclair !

MATÉRIEL NÉCESSAIRE :

- Un vêtement à fermeture Éclair
- Du savon

MARCHE À SUIVRE :

- Passer du savon sur toute la fermeture des deux côtés
- Faire plusieurs mouvements de fermeture/ouverture

POURQUOI ÇA FONCTIONNE ?

Le savon va permettre au zip de glisser sans difficulté. Comme l'énonce Hannibal : « J'adore quand un plan se déroule sans accroc. »

ASSOUPLIR VOTRE LINGE
avec une boule d'aluminium

L'aluminium est de tous les combats, en tête des produits propices aux astuces de grand-mère, au coude-à-coude avec le vinaigre blanc et le bicarbonate de soude. Je ne suis pas grand-mère, mais j'en ai sous le coude et, comme vous, j'aime que mon linge soit doux sur ma peau délicate.

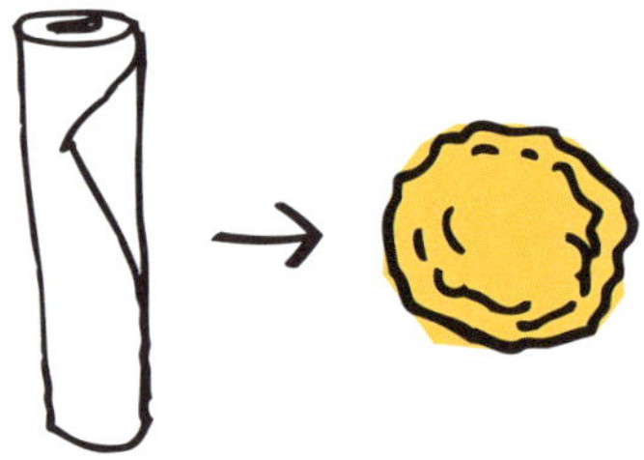

MATÉRIEL NÉCESSAIRE :

- Une machine à laver
- Du papier aluminium

MARCHE À SUIVRE :

- Faire une boule avec le morceau de papier aluminium
- Le jeter dans la machine à laver au contact du linge
- Lancer la machine (pas par la fenêtre)

CONSÉQUENCE ET MISE EN GARDE

L'aluminium agit comme un adoucissant, en plus d'être écologique et réutilisable. Plutôt que de vous ruiner en assouplissant, optez pour cette méthode économique. Adoucir ses vêtements comporte des risques, si vous devenez accro, demandez conseil à votre pharmacien.

REPASSER VOS VÊTEMENTS avec de l'aluminium

Le papier aluminium est un allié toujours plus inventif. Non content de servir aux fumeurs de narguilé et aux cuisiniers du dimanche, il est aussi très pratique pour le repassage.

MATÉRIEL NÉCESSAIRE :

- Une table à repasser
- Du papier aluminium
- Un fer à repasser
- Votre linge

MARCHE À SUIVRE :

- Recouvrir la table à repasser avec du papier aluminium
- Repasser votre linge par-dessus

CONSÉQUENCE ET MISE EN GARDE

Le papier aluminium a la propriété de garder la chaleur, ce qui permet à votre vêtement d'être repassé des deux côtés en même temps. Cette astuce fonctionnera moins bien si l'aluminium en question est couvert d'huile de kebab ou de sauce algérienne.

REPASSER UNE FRINGUE
avec un sèche-cheveux

On n'a pas toujours le temps ou l'envie de repasser ses vêtements avant chaque sortie. Mais porter des habits froissés vous fait passer pour une personne qui ne prend pas soin d'elle. Ce n'est pas votre cas. Ou en tout cas, vous ne voulez pas que ça se sache. Votre problème est résolu.

MATÉRIEL NÉCESSAIRE :

- Un spray à eau
- Un sèche-cheveux
- Un cintre
- Une fringue

MARCHE À SUIVRE :

- Accrocher son vêtement sur un cintre contre une porte
- L'asperger (le vêtement, pas la porte) avec de l'eau
- Sécher le tout avec un sèche-cheveux

POURQUOI ÇA CHANGE LA VIE ?

On n'est pas mieux comme ça ? Même pas besoin de savoir repasser ! Bon, entre nous, ça reste du dépannage, par exemple quand vous êtes en retard à un rendez-vous. Mais avant de régler ce problème de vêtements froissés, il faudra peut-être un jour vous pencher sur vos retards à répétition.

DÉFROISSER LES HABITS en prenant sa douche

Vous voulez repasser rapidement une chemise ou une robe mais vous n'avez rien sous la main pour le faire. Il existe une solution de flemmard. Grâce à ça, vous pourrez récupérer vos habits impec tout en prenant tranquillement votre douche. Une pierre, deux coups.

MATÉRIEL NÉCESSAIRE :

- Un vêtement froissé
- Une douche chaude
- Un cintre

MARCHE À SUIVRE :

- Placer le vêtement dans la salle de bains sur un cintre
- Fermer la porte de la salle de bains
- Prendre votre douche en n'hésitant pas à ouvrir le rideau pour que la vapeur se diffuse
- Récupérer votre vêtement

POURQUOI ÇA FONCTIONNE ?

La vapeur d'eau va détendre le tissu autant que cette douche va délasser votre corps. Sinon, vous pouvez toujours entourer une casserole de papier aluminium, la faire chauffer et repasser votre linge avec, mais c'est un peu plus galère.

ÉVITER les chaussures qui sentent

Si la phrase « Tu peux enlever tes chaussures s'il te plaît, je viens de nettoyer » vous a déjà fait stresser, cette astuce est pour vous. Car avec le temps, toutes les paires de chaussures commencent à sentir (non, je ne remets pas en cause votre hygiène de vie).

MATÉRIEL NÉCESSAIRE :

- Des chaussures qui sentent
- Des lingettes nettoyantes

MARCHE À SUIVRE :

- Mettre des lingettes nettoyantes dans les chaussures le soir en rentrant

CONSÉQUENCE ET MISE EN GARDE

Aussi simple que ça. Vos souliers vont retrouver une nouvelle vie. Évitez juste de nettoyer votre planche à découper avec les mêmes lingettes.

NETTOYER SES CHAUSSURES avec du citron

Non, ce n'est pas une partie de Kamoulox. Vous pouvez vraiment utiliser ce fruit pour faire briller vos sneakers ou mocassins à glands. Si je travaillais chez Oasis, je déclarerais : « Suivez bien l'agrumentation qui suit. »

MATÉRIEL NÉCESSAIRE :

- Un demi-citron
- Une chaussure ternie par le temps

MARCHE À SUIVRE :

- Frotter énergiquement avec le citron
- Laisser agir

CONSÉQUENCE

Seul petit problème, vos pompes auront un pH non neutre. Mais vous devriez vous en remettre rapidement : personne n'a jamais été recalé en soirée parce que ses chaussures avaient un pH non neutre.

RÉPARER un lacet

Vous êtes au milieu du trottoir, un genou au sol. Non, vous n'êtes pas en train de faire une demande en mariage : vous essayez de réparer le bout du lacet qui a perdu son aglet (c'est le petit morceau de plastique ou de métal qui est fixé à l'extrémité – cette info vous permettra de gagner un camembert rose au Trivial Pursuit, ne me remerciez pas). Vous le torsadez, puis tentez de le faire entrer dans le trou, mais les fils partent dans tous les sens. Si vous avez du scotch sur vous, ça devrait bien se passer.

MATÉRIEL NÉCESSAIRE :

- Du scotch
- Un lacet dont l'aglet (on ne s'en lasse pas) est parti

MARCHE À SUIVRE :

- Découper un petit morceau de scotch
- Enrouler le scotch autour de l'extrémité du lacet
- Enfiler le lacet dans le trou correspondant

DIFFICULTÉ

Disons que si vous galérez avec cette technique ultra-simple, en dernier recours, vous pouvez vous tourner vers les chaussures à scratch et les croiser pour avoir l'air plus cool.

RENTRER DANS UN JEAN
un poil trop petit

Attention, nous ne parlons pas ici d'un écart de 5 ou 6 tailles. Néanmoins, si l'un de vos jeans a « un peu rétréci au lavage », il existe un moyen de continuer à le porter.

MATÉRIEL NÉCESSAIRE :

- Un jean trop petit
- Un élastique

MARCHE À SUIVRE :

- Prendre un élastique
- Le faire passer dans la fente du bouton de devant
- Récupérer les deux bouts
- Les accrocher au bouton

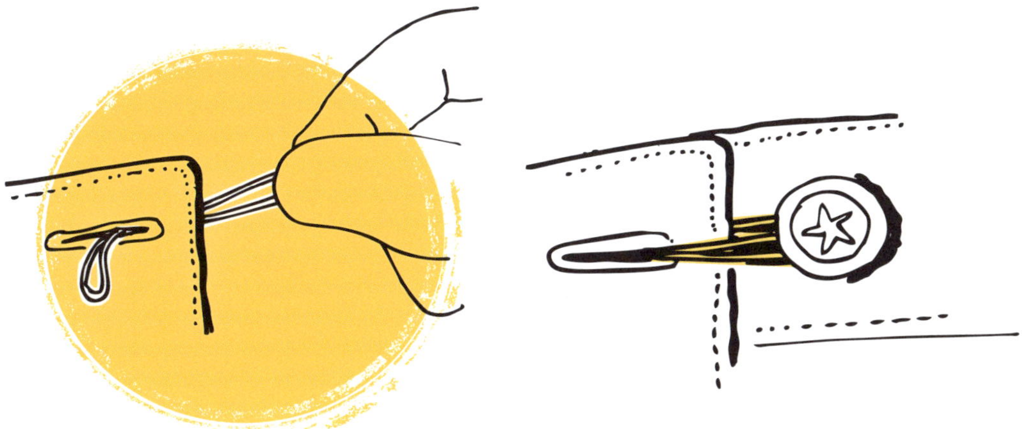

MISE EN GARDE

Évitez de faire ça quand vous mettez des tee-shirts trop courts pour ne pas vous taper l'affiche.

ENLEVER UNE TACHE de cire de bougie

Si malencontreusement vous avez sali un de vos vêtements avec de la cire de bougie, c'est que cette soirée de Saint-Valentin est plutôt mal partie (ou alors qu'il faudrait penser à régler la facture d'électricité). Vous pouvez découper la tache à l'aide de ciseaux en prétendant que c'est pour le style, mais il y a une solution beaucoup moins dévastatrice.

MATÉRIEL NÉCESSAIRE :

- Du sopalin
- Un fer à repasser

MARCHE À SUIVRE :

- Recouvrir la tache avec une feuille de sopalin
- Poser le fer à repasser chaud sur le sopalin en faisant de petits mouvements circulaires

POURQUOI ÇA FONCTIONNE ?

La cire va fondre et le sopalin va absorber le liquide. Maintenant votre vêtement est propre, mais votre sopalin est sale ! Utilisez un autre sopalin et un fer à repasser pour enlever la tache de votre premier sopalin et recommencez à l'infini.

DÉCOLLER UN CHEWING-GUM d'un habit

Vous venez de finir de déguster un sandwich à l'oignon et vous vous rappelez que vous avez un rendez-vous galant dans moins d'une heure. Vous êtes donc ravi de découvrir qu'un chewing-gum traîne dans votre poche. En revanche, il y a certaines fois où vous êtes beaucoup moins heureux de trouver un chewing-gum, notamment lorsque ce dernier est collé sur votre jean alors que vous vous étiez juste assis sur un banc. Pas de panique, voici une astuce pour le décoller.

MATÉRIEL NÉCESSAIRE :

- Un glaçon
- Votre habit avec le chewing-gum collé dessus

MARCHE À SUIVRE :

- Frotter le glaçon contre le chewing-gum
- Décoller le chewing-gum

POURQUOI ÇA FONCTIONNE ?

Lorsque le chewing-gum sera solide, il deviendra très facile à enlever et ne laissera aucune trace sur votre vêtement. Et comme dirait tonton Booba, maintenant vous pouvez poser vos fesses où vous voulez comme Rosa Parks !

BLING
BLING

RANGER vos colliers

Vous devez partir en voyage et vous avez peur de ne pas retrouver vos bijoux dans l'énorme masse d'objets contenus dans votre valise ? Je ne peux rien faire pour le nombre de paires de chaussures que vous avez décidé d'emporter, mais j'ai une astuce pour vos colliers. C'est déjà ça.

MATÉRIEL NÉCESSAIRE :

- Un collier
- Une paille

MARCHE À SUIVRE :

- Glisser le collier dans la paille
- Fermer le collier

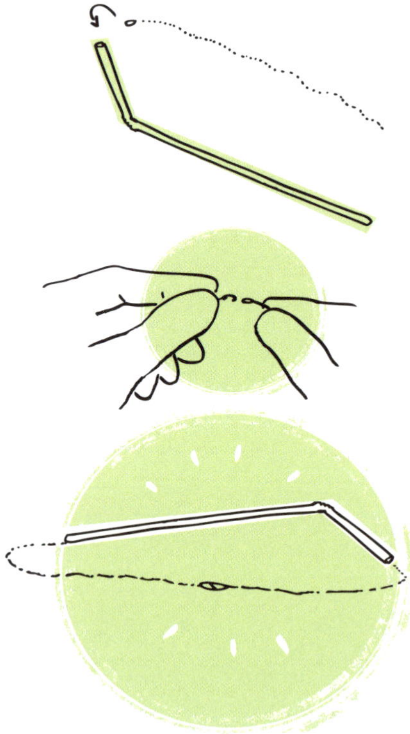

À SAVOIR

Vous pouvez réitérer cette opération avec tous les colliers que vous possédez. Cela évitera qu'ils s'emmêlent et vous aurez beaucoup moins de difficulté à les retrouver. Vous pouvez utiliser un tube en PVC si vous êtes un rappeur des années 2000.

DÉMÊLER
un collier

Comme vous ne connaissiez pas l'astuce de la paille, vous avez passé trois heures à chercher votre collier. Une fois que vous l'avez trouvé, vous avez eu du mal à le démêler. Pour ça, il vous faudra juste une petite poudre magique.

MATÉRIEL NÉCESSAIRE :

- Un collier
- Un peu de talc

MARCHE À SUIVRE :

- Mettre le collier dans du talc
- Le frotter très lentement entre les doigts

À SAVOIR

Bien évidemment, il faut avoir du talc sur soi pour réaliser cette astuce. Les personnes qui ont un bébé sont donc privilégiées. Si vous n'avez pas de bébé, achetez-en un à prix abordable.

REFERMER UN BRACELET avec un trombone

Vous n'êtes ni horloger ni chirurgien, c'est donc avec beaucoup de peine que vous parvenez à fermer vos bracelets et gourmettes. Vous avez tout essayé, mais rien à faire, cela prend systématiquement au moins dix minutes. Ici, il vous suffira d'un trombone.

MATÉRIEL NÉCESSAIRE :

- Un bracelet
- Un trombone

MARCHE À SUIVRE :

- Déplier le trombone
- Insérer une extrémité dans le fermoir et mettre le trombone dans votre paume
- Faire glisser le bracelet sur le côté jusqu'au milieu du poignet
- Tenir le trombone avec le bout des doigts
- Refermer le bracelet avec l'autre main

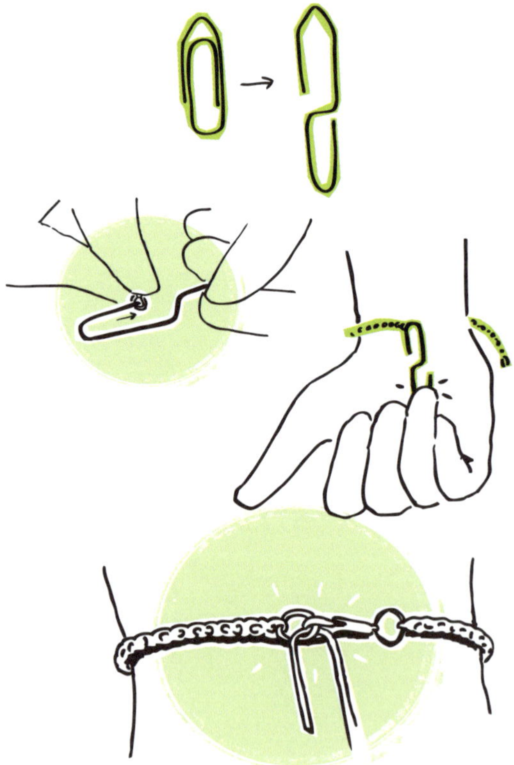

MISE EN GARDE

Cette astuce fonctionne seulement si vous n'avez pas Parkinson.

RETIRER UNE BAGUE COINCÉE à votre doigt

Imaginez seulement : vous venez de trouver votre conjoint(e) en charmante compagnie... dans votre lit. Ni une, ni deux, vous ouvrez l'armoire, saisissez ses habits et les fourrez dans une vieille valise. Un brasier dans les yeux et dans un excès de rage, vous avez envie de retirer votre alliance pour lui balancer à la figure en criant : «J'aurais dû écouter ma mère !» Problème : la bague reste coincée à votre doigt et votre effet est complètement raté. Voici un bon moyen d'éviter ça et de vous assurer une sortie théâtrale digne d'une pièce de Shakespeare.

MATÉRIEL NÉCESSAIRE :

- Du fil à coudre
- Un doigt gonflé avec une bague coincée

MARCHE À SUIVRE :

- Enrouler le fil autour du doigt en allant de l'extrémité à la base
- Passer le bout de fil sous la bague (à l'aide d'une aiguille au besoin)
- Dérouler doucement le fil et retirer la bague

P-S

Au fait, je confirme, vous auriez dû écouter votre mère. Et comme disait Frodon : «Quand on enfile l'anneau, c'est là que les soucis commencent.»

EN VADROUILLE

RAFISTOLER une tong

Le Brésil, ses plages, ses beautés, ses défaites 7-1 à la maison, ses chanteurs de bossa-nova et ses… tongs ! La tong, ce string pour pieds comme disait mon pote beauf en quatrième. L'embêtant avec la tong, c'est surtout quand ses lanières se détachent de la base. Désormais, vos étés seront plus sereins grâce aux attaches Cellotwist du pain de mie.

MATÉRIEL NÉCESSAIRE :

- Une attache Cellotwist
- Une tong estropiée

MARCHE À SUIVRE :

- Remettre l'embout de la bride dans le trou
- Sur le dessous de la tong, glisser l'attache Cellotwist

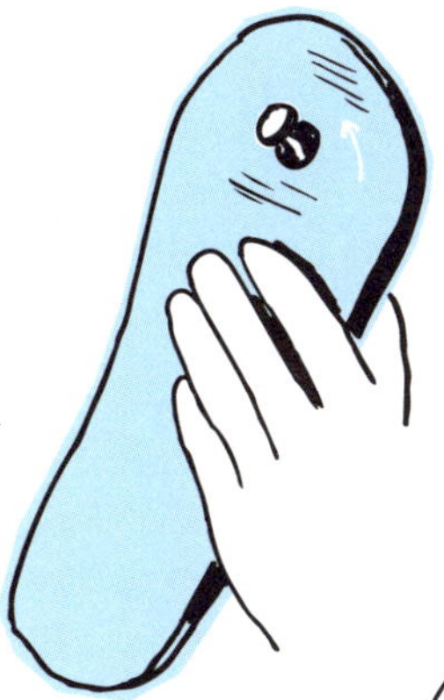

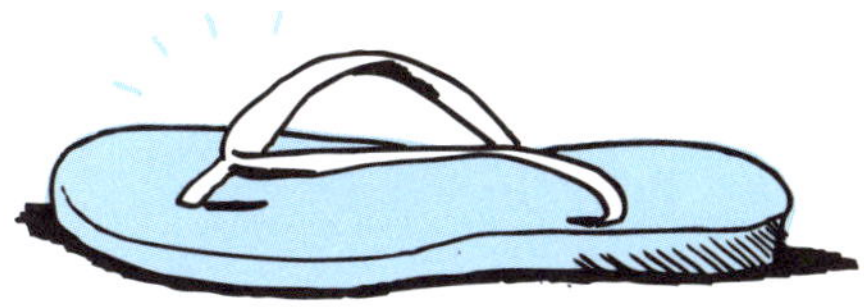

CE QU'ON SAIT DÉSORMAIS

Ouais, ça s'appelle une attache Cellotwist. J'en sais pas plus que vous sur l'origine de cet objet. Perso, je l'ai toujours appelé « le truc blanc en plastique pour fermer le pain de mie ». Par ailleurs, sachez que la police de la mode interdit formellement de porter des chaussettes avec vos tongs.

CONVERTIR UN SAC À DOS en glacière

Une éponge n'est pas seulement un objet joyeux vivant sous l'eau avec une étoile de mer qui a trop fumé et un écureuil en scaphandre. Ça peut aussi vous servir à garder au frais les boissons que vous avez mises dans votre sac.

MATÉRIEL NÉCESSAIRE :

- Des éponges
- Un sac à dos
- Des sachets de congélation
- Un congélateur

MARCHE À SUIVRE :

- Mouiller les éponges
- Les placer chacune dans un sachet de congélation
- Ranger le tout au congélateur
- Les ressortir et les mettre dans votre sac près des boissons fraîches

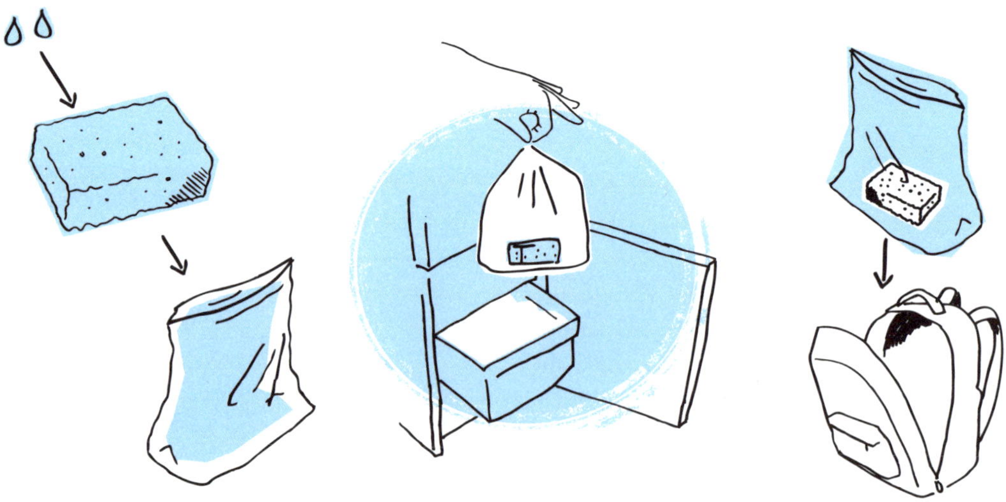

POURQUOI ÇA CHANGE LA VIE ?

L'avantage, si vous êtes en camping par exemple, c'est que ces mêmes éponges peuvent redevenir des éponges qui nettoient. Et ainsi de suite.

TRANSPORTER
un rasoir

Vous partez en voyage et vous aimez avoir les jambes ou les joues aussi douces qu'une peau de bébé. Il vous faut un rasoir, mais ce n'est pas facile de le transporter dans sa trousse de toilette sans abîmer les lames ou pire, blesser vos doigts lorsque vous allez à sa recherche. Désormais, vous pouvez protéger la tête de votre rasoir (et vos mains) à l'aide d'une pince double clip.

MATÉRIEL NÉCESSAIRE :

- Un rasoir
- Une pince double clip
- Une trousse de toilette

MARCHE À SUIVRE :

- Fixer la pince sur la tête de votre rasoir
- Ranger le rasoir dans la trousse

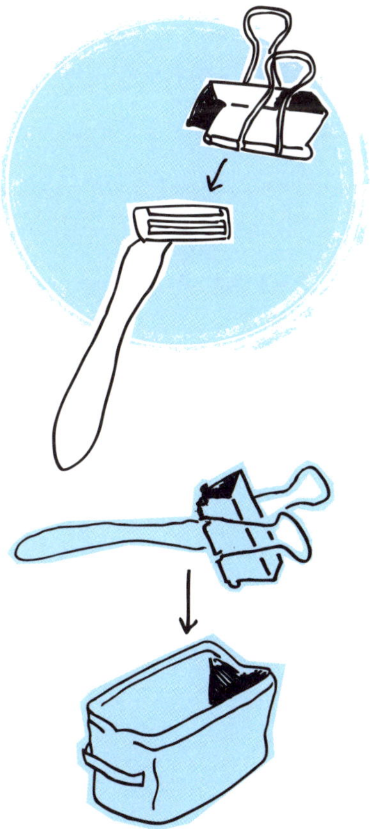

DIFFICULTÉ

Aussi élémentaire que de piquer une pince double clip sur le bureau d'un collègue.

CACHER SES AFFAIRES à la plage

Vous avez essayé de planquer votre téléphone, votre portefeuille, et vos lunettes Hello Kitty dans votre maillot de bain, mais c'était un peu serré. Il existe une technique bien plus subtile, digne du héros de *Maman j'ai raté l'avion*.

MATÉRIEL NÉCESSAIRE :

- Un tube de crème solaire vide
- Vos effets personnels

MARCHE À SUIVRE :

- Vider et nettoyer le tube de crème solaire
- Ouvrir le couvercle, découper le goulot
- Mettre vos affaires dans le tube
- Refermer le couvercle
- Aller nager en toute sérénité

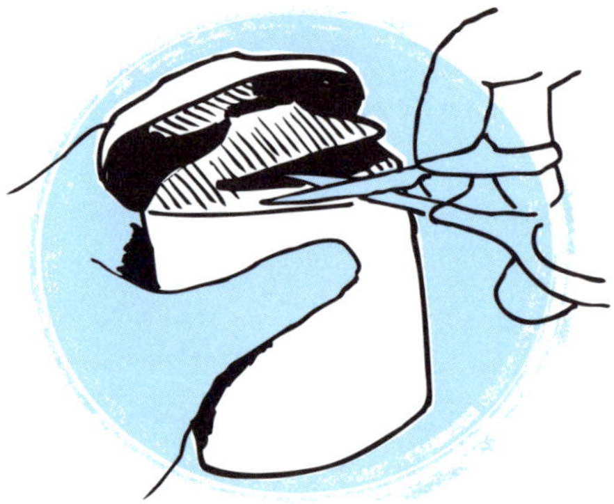

MISE EN GARDE

Bien entendu, si vous avez un iPhone 12 qui fait la taille d'une planche de surf, cette astuce aura un taux de réussite bien moins élevé.

FAIRE UN OREILLER avec un sweat à capuche

Si vos potes sont comme les miens, leur dire que vous partez en rando déclenche des réactions de ce type : « Mais pourquoi tu veux te fatiguer à aller te perdre dans la montagne au lieu de rester chez toi ?! En plus la nouvelle saison de *La Casa de Papel* vient de sortir ! » Ignorez royalement ces commentaires : la rando, c'est bon pour le corps et l'esprit. Cependant, il faut éviter de voyager trop chargé. Une méthode efficace consiste à réutiliser la nuit ce que vous avez déjà pour assurer votre confort le jour. En l'occurrence, un sweat pour faire un oreiller.

MATÉRIEL NÉCESSAIRE :

- Un sweat à capuche

MARCHE À SUIVRE :

- Plier le pull comme sur le schéma
- Bien penser à rentrer le tout dans la capuche pour un résultat compact

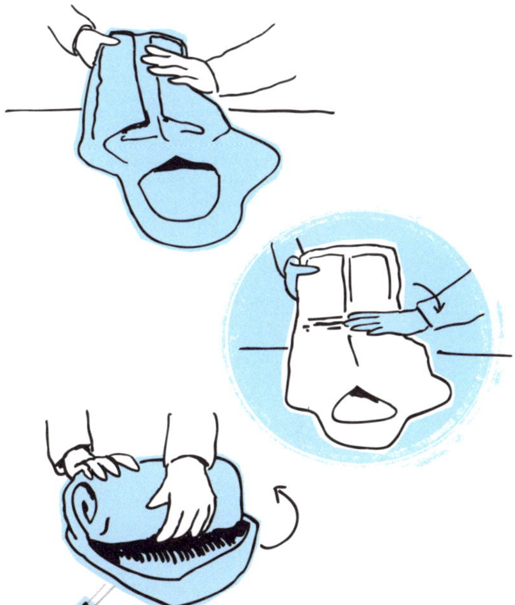

P-S

Poussé par mon enthousiasme, j'ai été plus loin en essayant de fabriquer une tente avec un slip. Je crois qu'on va s'en tenir à l'oreiller pour le moment. C'est mieux. Pour tout le monde.

SALLE DE BAINS ET SANITAIRES

CHASSER LA BUÉE
de votre salle de bains

La reine dans *Blanche-Neige* aurait sûrement connu une autre destinée si elle n'avait pas maîtrisé la technique qui suit. Imaginez la scène :
« Miroir, mon beau miroir, qui est la plus belle ?
— V'en fais rien v'ai plein de buée fur le vivave. »
Bon allez, fini de faire parler les miroirs, venons-en aux faits.

MATÉRIEL NÉCESSAIRE :

- Un chiffon à microfibres
- De la mousse à raser
- Un miroir récalcitrant

MARCHE À SUIVRE :

- Appliquer la mousse à raser sur le chiffon
- Frotter le miroir avec la mousse à raser et laisser agir
- Essuyer gentiment la mousse avec un chiffon propre et sec

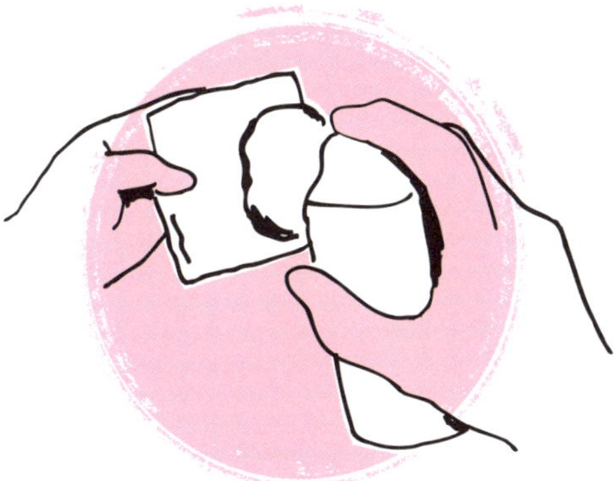
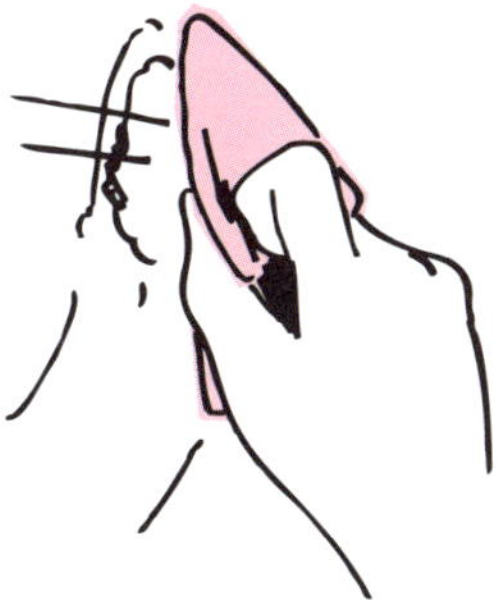

POURQUOI ÇA CHANGE LA VIE ?

En principe, la vitre est protégée pendant quelques semaines de la formation de buée. Si elle revient au bout de trois jours, allez voir un marabout, vous êtes certainement victime d'une malédiction.

ÉLIMINER LE CALCAIRE de votre robinet

Avoir du calcaire sur sa robinetterie, c'est très contrariant et ça peut vous mettre en colère. Étant donné que je ne veux que votre bien, je vais vous donner une technique *easy* pour dégager tout ce calcaire sans forcer.

MATÉRIEL NÉCESSAIRE :

- Du papier sulfurisé
- Un robinet plein de calcaire

MARCHE À SUIVRE :

- Découper un morceau de papier sulfurisé
- Frotter la zone que vous souhaitez nettoyer

POURQUOI ÇA FONCTIONNE ?

Cela vous permet non seulement de retirer le calcaire, mais aussi de déposer une couche protectrice pour éviter qu'il se reforme à l'avenir. Vous avez donc à la fois prévenu et guéri.

CRÉER UN DISTRIBUTEUR de papier toilette

Je dois avouer que celle-ci est particulière. Elle vous fera passer au pire pour un galérien de niveau 8, au mieux pour un artiste contemporain incompris. La finalité est basique : avoir un distributeur de papier toilette pas comme les autres.

MATÉRIEL NÉCESSAIRE :

- Une bouteille en plastique
- Du papier toilette
- Des ciseaux

MARCHE À SUIVRE :

- Découper le bas et le haut de la bouteille
- Placer le rouleau dans le bas de la bouteille
- Tirer l'extrémité du rouleau et la glisser dans le goulot
- Reposer le haut sur le bas afin que les deux s'emboîtent

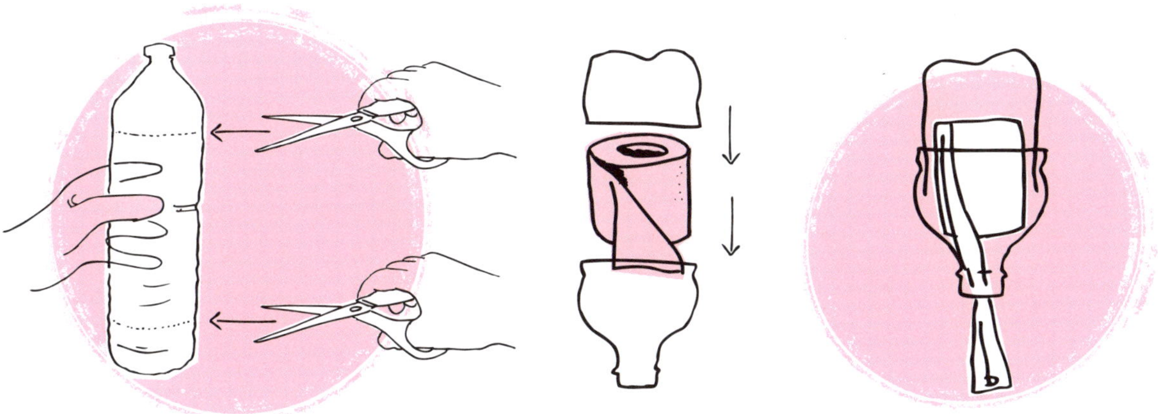

CONSÉQUENCE

Ça vous évitera d'avoir à jeter la bouteille dans la poubelle verte… ou jaune… ou beige… oh et puis mince, je sais jamais.

UTILISER UN SAVON jusqu'au bout

Pas question de jeter votre savon alors qu'il n'est pas entièrement terminé. Mais plus il diminue, plus il devient insaisissable : il vous glisse des mains comme si vous essayiez de tenir un poisson rouge enduit d'huile d'olive. Bref, pas très pratique. Essayez plutôt ceci.

MATÉRIEL NÉCESSAIRE :

- Un savon bientôt terminé
- Un savon tout neuf

MARCHE À SUIVRE :

- Coller le premier savon au second
- Voilà !

À SAVOIR

Cette méthode a été testée par l'ASF (Association des savonneurs de France), qui lui a attribué la note de 11/10.

NETTOYER ses mains

Si vous bricolez beaucoup votre voiture, votre vélo ou votre trottinette, vous savez qu'il est très difficile de nettoyer le cambouis avec un savon classique. Même une éponge ne vous aidera pas avec son côté qui gratte.

MATÉRIEL NÉCESSAIRE :

- Du papier aluminium
- Un robinet avec l'eau courante
- Vos mains sales
- Du savon

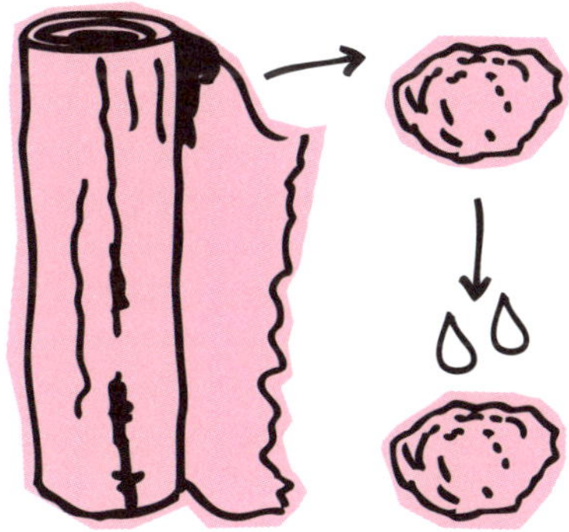

MARCHE À SUIVRE :

- Faire une boule avec le papier alu
- La passer sous l'eau
- Mettre du savon sur vos mains
- Frotter vos mains avec cette boule
- Découvrir vos mains immaculées

DIFFICULTÉ

Aussi facile qu'une grille de mots croisés dans *Mickey Magazine*.

SE SAVONNER avec style

Depuis l'arrivée des gels douche, le pauvre pavé de savon à l'ancienne a bien du mal à défendre sa place. Ce que je vous propose là, c'est le *next level* du savonnage, l'aboutissement du style sous la douche.

MATÉRIEL NÉCESSAIRE :

- Une éponge assez grande
- Un cutter
- Un savon

MARCHE À SUIVRE :

- Tracer une forme de la taille du savon sur l'éponge
- Découper la forme en creusant dans l'éponge
- Placer le savon dans l'éponge afin qu'il épouse la forme du creux
- Mouiller le savon et se savonner directement avec le dos de l'éponge

POURQUOI ÇA CHANGE LA VIE ?

Vous allez pouvoir vous savonner comme dans les pubs Tahiti. Sans les palmiers et la mer. Mais on ne peut pas tout avoir.

SORTIR LE DENTIFRICE avec une barrette

Une jeune femme a été retrouvée inconsciente dans sa salle de bains la semaine dernière, après avoir lutté pendant des dizaines d'heures contre un tube de dentifrice. Si vous ne voulez pas connaître le même sort, lisez bien ce qui va suivre.

MATÉRIEL NÉCESSAIRE :

- Un tube de dentifrice bientôt vide
- Une barrette à cheveux

MARCHE À SUIVRE :

- Glisser la barrette latéralement sur le bas du tube
- Faire glisser vers le haut pour extraire correctement le dentifrice

À SAVOIR

Si vraiment vous êtes en galère, vous pouvez aussi découper le tube et racler l'intérieur du dentifrice. Mais cette astuce doit être effectuée par des professionnels entraînés.

AFFÛTER UNE LAME DE RASOIR Facilement

Vous sentez que votre rasoir 9 lames à tête rotative acheté une fortune est en train de perdre de sa superbe et vous ne voulez pas réinvestir parce que la fin du mois commence le 7 pour vous ? Vous allez pouvoir garder un peu de pépettes de côté pour acquérir le dernier Keen'V, car j'ai une solution.

MATÉRIEL NÉCESSAIRE :

- Un jean
- Un rasoir

MARCHE À SUIVRE :

- Frotter la lame du rasoir contre les mailles du jean comme si vous vouliez le raser

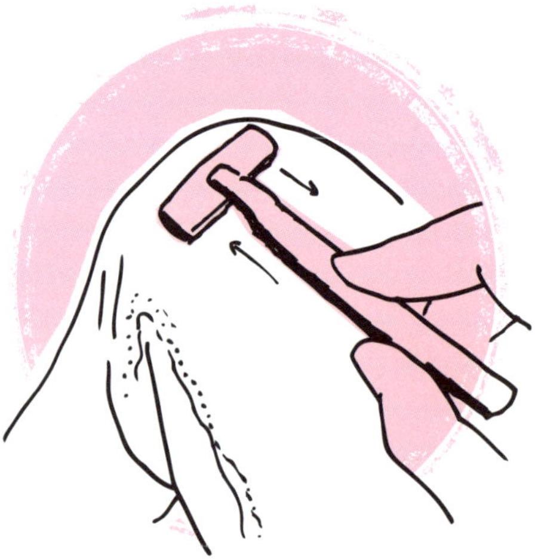

CONSÉQUENCE

La lame sera de nouveau tranchante et, avec un peu de chance, vous arriverez à trouer votre jean et vous faire un look plus grunge. Tout bénef.

DÉSENCRASSER votre pommeau de douche

Il vous arrive parfois d'avoir un sentiment bizarre pendant que vous prenez votre douche. Le pommeau ne semble pas vous montrer toute l'étendue de ses capacités. Vous vous rendez compte que certains des trous sont encrassés et vous empêchent de profiter pleinement de cet instant solitaire. Surtout quand le jet part dans tous les sens. Vous pourriez utiliser un cure-dents et nettoyer un à un les trous en question, mais vous voulez vous faciliter la vie, pas découvrir de nouveaux supplices. Alors voici un moyen simple pour résoudre ce problème.

MATÉRIEL NÉCESSAIRE :

- Du vinaigre blanc
- Un sachet plastique
- Un élastique

MARCHE À SUIVRE :

- Remplir un sac plastique de vinaigre blanc
- Mettre le pommeau de douche à l'intérieur du sac
- Attacher avec l'élastique
- Laisser reposer 20 minutes
- Rincer

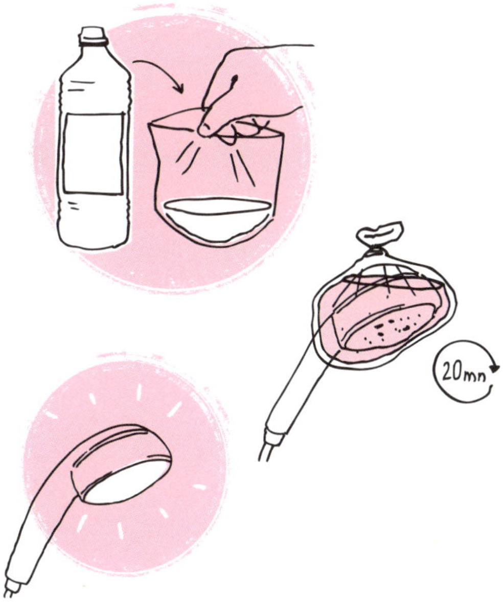

MISE EN GARDE

Si vous n'habitez pas seul, prévenez les autres personnes vivant sous le même toit afin d'éviter tout incident diplomatique. Il paraîtrait que les douches au vinaigre seraient moins agréables pour la peau qu'une body lotion aux extraits d'amande et de mûre sauvage.

LE
MÉNAGE

BRICOLER un porte-éponge

Vous venez de finir une raclette et vous vous préparez mentalement à nettoyer la vaisselle souillée par 14 personnes. Problème : vous ne savez plus où vous avez mis cette foutue éponge. Vous vous apprêtez donc à en déballer une neuve pour la troisième fois de la semaine. Bonne nouvelle, voici une technique facile, écologique (et un peu gogole) de garder un œil sur votre éponge.

MATÉRIEL NÉCESSAIRE :

- Une bouteille en plastique de marque quelconque (il y a 90 % de chances qu'elle appartienne à The Coca-Cola Company, je le sais)
- Un couteau
- Une paire de ciseaux
- Un marqueur
- Une épingle à nourrice
- Une éponge

MARCHE À SUIVRE :

- À l'aide du couteau, enlever la partie supérieure de la bouteille
- Tracer une ligne en pointillés en suivant l'exemple sur le schéma, puis couper avec les ciseaux
- Déposer le bouchon sur la bouteille et tracer un rond
- Chauffer l'épingle à nourrice, et découper selon le tracé du rond (ou avec des ciseaux si vous avez la flemme)
- Enfiler la bouteille sur le robinet par le trou qui vient d'être fait et y déposer l'éponge

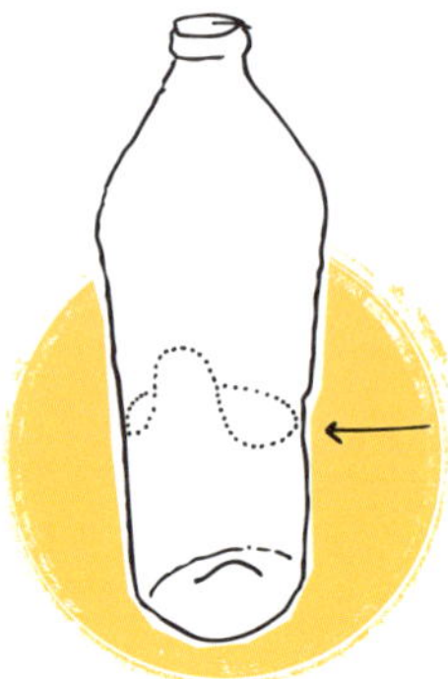
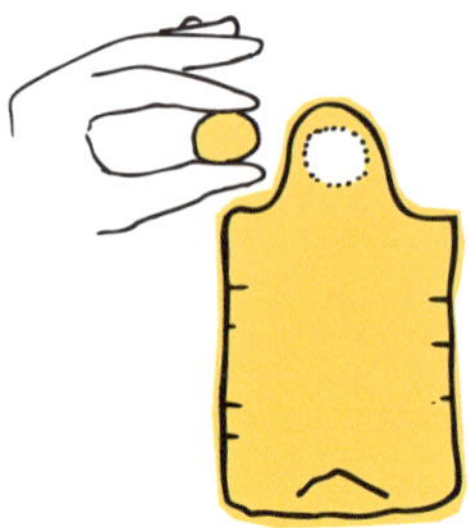

DIFFICULTÉ

Si vous saviez colorier sans dépasser à la maternelle, vous êtes de ceux qui peuvent réaliser cette astuce de type malin.

AMÉLIORER
votre pelle

Le ménage est une affaire de patience. Qui n'a jamais passé de longues minutes à retirer une à une les petites saletés qui viennent se loger insidieusement sur les poils de la balayette ? Avec cette méthode, vous devriez gagner de précieuses heures de vie que vous pourrez réinvestir en traînant sur les réseaux sociaux.

MATÉRIEL NÉCESSAIRE :

- Un peigne
- Un peu de dextérité
- Un sol aussi sale qu'un album de Damso
- Du scotch
- Une pelle et une balayette

MARCHE À SUIVRE :

- Choisir un peigne dont vous ne vous servez plus
- Le fixer avec du scotch sur la pelle
- Ramasser la saleté dans la pelle
- S'il reste de la saleté sur la balayette, peigner la balayette

MISE EN GARDE

Évitez de réutiliser le peigne, sauf si vous écoutez du reggae français.

EXTRAIRE PLUS FACILEMENT le sac-poubelle

Vous avez hésité pendant un moment. La flemme et le désir de propreté se sont battus en duel dans votre esprit. Vous vous décidez finalement à agir : vous empoignez le sac et vous vous apprêtez à le sortir de la poubelle. Mais il résiste, refuse de se retirer facilement, et là vous comprenez pourquoi vous étiez si réticent au début. Vous vous rappelez aussi que vous ratez quand même pas mal de choses dans votre vie (souvenez-vous, on vous choisissait chaque fois en dernier pour former les équipes en EPS)... Arrêtez immédiatement de bader, on a trouvé une solution, au moins pour cette poubelle (si personne ne vous prenait en EPS, c'est peut-être pour une raison, réfléchissez-y).

MATÉRIEL NÉCESSAIRE :

- Une poubelle
- Une perceuse
- Un sac-poubelle

MARCHE À SUIVRE :

- Percer deux trous dans la poubelle (pas dans le sac, hein) sur le côté
- Mettre le sac-poubelle dedans
- Le remplir d'ordures

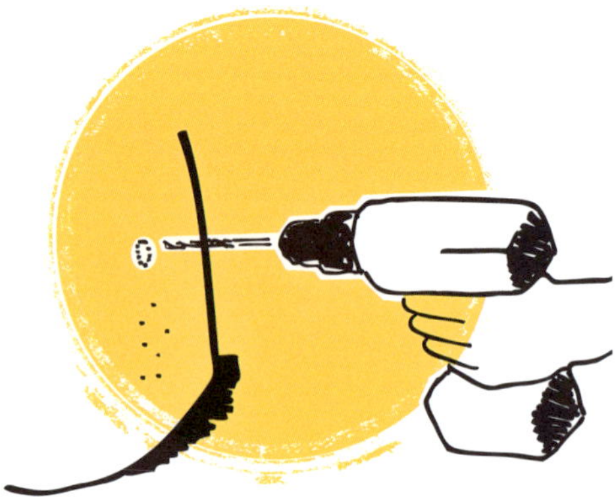

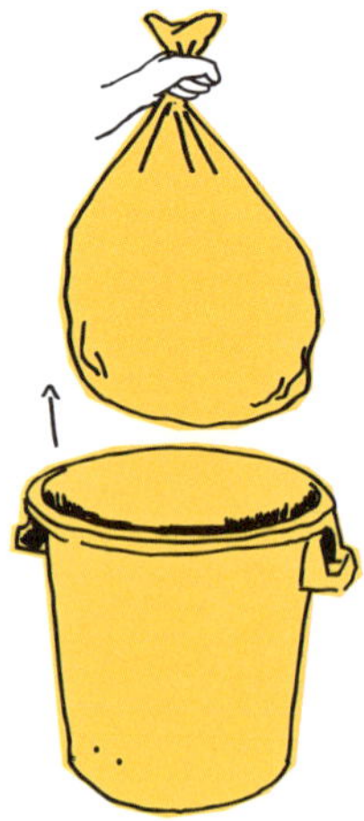

POURQUOI ÇA FONCTIONNE ?

Les trous vont faire disparaître l'effet ventouse. Sortir le sac va presque devenir un plaisir. Jean Yanne disait : « Tout le monde veut sauver la planète, mais personne veut descendre les poubelles. » Vous ne sauverez pas la planète, mais au moins vous aurez réussi à le contredire.

AVOIR UNE POUBELLE propre

Cela sonne comme un doux oxymore, mais il est possible d'avoir une poubelle plus propre. Rappelez-vous toutes ces fois où des liquides divers s'étaient déposés au fond de votre sac-poubelle. Votre descente des ordures ménagères n'était-elle pas plus déplaisante qu'une blague d'Arthur sur scène ? Pour éviter que cela vous arrive de nouveau, voici une astuce qui ne vous coûtera qu'un journal gratuit.

MATÉRIEL NÉCESSAIRE :

- Un journal
- Un sac-poubelle

MARCHE À SUIVRE :

- Disposer gentiment le journal au fond du sac-poubelle
- Attendre qu'il absorbe les jus de viande et de capsules qui se baladent

POURQUOI ÇA CHANGE LA VIE ?

Cela vous évitera de marcher avec vos chaussettes neuves dans du jus de poubelle ou pire, que uelqu'un glisse dessus et que vous preniez une peine de prison pour homicide involontaire (je dis ça parce que j'ai un copain à qui c'est arrivé).

PARFUMER en aspirant

Aujourd'hui, on imagine mal faire le ménage sans aspirateur. Dire qu'il fut inventé en 1901 par Hubert Cecil Booth... Eh bien poursuivons l'œuvre de ce cher Hubert et pimpons un peu notre aspirateur pour rendre le ménage encore plus agréable.

MATÉRIEL NÉCESSAIRE :

- Une lingette (ou du sopalin)
- De l'huile essentielle
- Un aspirateur

MARCHE À SUIVRE :

- Déposez une vingtaine de gouttes d'huile essentielle sur la lingette
- Placer la lingette à l'arrière de l'aspirateur, au niveau de la sortie d'air

CONSÉQUENCE ET MISE EN GARDE

Cela n'augmente certes pas les performances de votre aspirateur, mais au moins, ça ajoute de la fraîcheur dans toute la pièce. N'oubliez pas également de bien nettoyer votre aspirateur : comme une photo sur Insta, c'est mieux avec un bon filtre.

RETIRER LES RAYURES
sur un meuble

Votre chat s'est fait les griffes sur la jolie table en bois que votre grand-père vous a laissée. Vous hésitez entre jeter la table et jeter le chat. Détendez-vous, ça va bien se passer. Allez au marché et rapportez des noix.

MATÉRIEL NÉCESSAIRE :

- Un meuble griffé ou rayé
- Une noix

MARCHE À SUIVRE :

- Retirer la coquille de la noix
- Frotter en inclinant légèrement la noix
- Laisser l'huile de noix agir et réparer le bois

MISE EN GARDE

Cette astuce ne fonctionne ni avec les carrosseries de voiture, ni avec les cœurs brisés : pas la peine d'essayer.

ENLEVER LES TRACES DE MOBILIER sur la moquette

En plus des courbatures et de la déception créées par tous vos amis qui ne sont pas venus vous aider pour le déménagement, vous vous rendez compte que les meubles ont laissé des traces sur la moquette. Comme vous tenez à votre caution, vous allez dans le congélo, vous sortez des glaçons et vous vous dépêchez d'appliquer la méthode suivante.

MATÉRIEL NÉCESSAIRE :

- Des glaçons
- Une moquette abîmée
- Un cure-dents

MARCHE À SUIVRE :

- Déposer les glaçons sur la moquette
- Laisser fondre les glaçons
- Attendre que ça sèche
- Frotter avec la main
- Redresser les fibres de la moquette avec un cure-dents s'il reste des imperfections

MISE EN GARDE

Rien de tout ça ne permet de réparer les trous dans les murs, les griffures de chat, les coups de cutter dans le tapis ou les albums de Christophe Maé.

NE PLUS RAYER le parquet

Vous avez du parquet à la maison, mais vous en avez marre de le rayer quand vous déplacez vos meubles. Je comprends, et je suis là pour vous aider.

MATÉRIEL NÉCESSAIRE :

- Des bouchons en liège
- Un pistolet à colle (ou juste une bonne colle)
- Un cutter
- Vos meubles

MARCHE À SUIVRE :

- Découper des tranches dans un bouchon de liège à l'aide du cutter
- Coller ces tranches sous les pieds de vos meubles

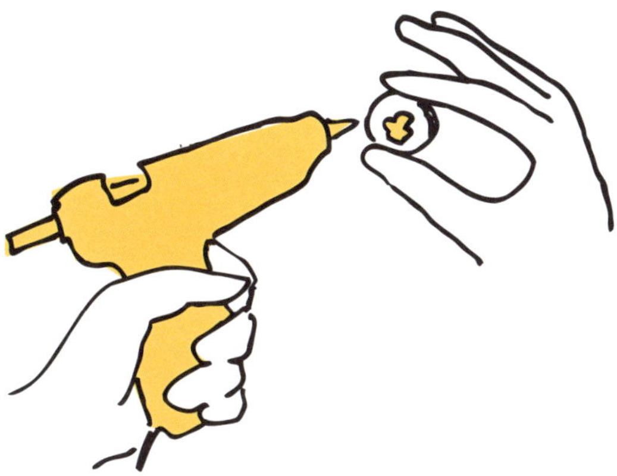

DIFFICULTÉ

Plus facile que de battre votre grand-mère à *Call Of*.

TU VAS FROTTER, OUI ?

EH BEN PAS TROP, NON !

LAVER UNE VITRE avec du papier journal

Vous venez de terminer les mots croisés à la fin du journal, vous en faites une boule et vous vous apprêtez à la jeter façon Michael Jordan dans la corbeille. Dites-vous que ce journal peut avoir une seconde vie (ou une troisième, s'il a été fait en papier recyclé). Il va vous servir à mettre la touche finale dans votre lavage de vitre.

MATÉRIEL NÉCESSAIRE :

- Du vinaigre blanc
- Du savon liquide
- Une vitre sale
- Un vaporisateur vide
- Du papier journal

MARCHE À SUIVRE :

- Mettre du savon liquide dans le vaporisateur
- Ajouter quelques gouttes du précieux fluide à faible teneur d'acide acétique, plus communément appelé vinaigre
- Revisser le vaporisateur
- Vaporiser la vitre avec le mélange magique
- Frotter avec un papier journal
- Essuyer avec du papier journal

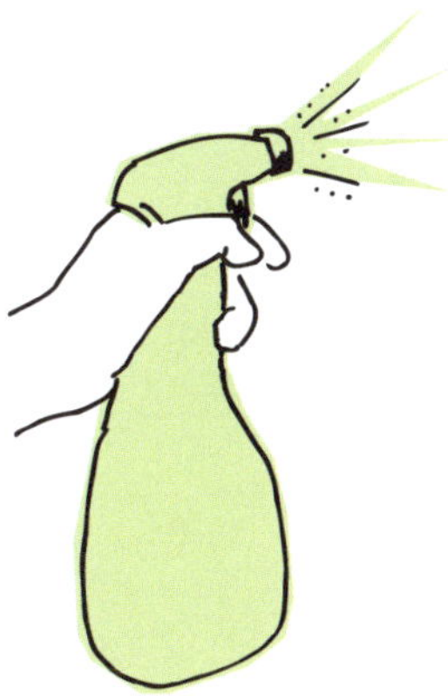

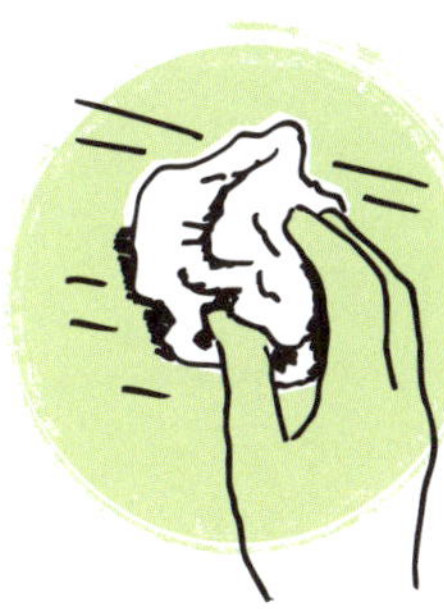

À SAVOIR

Cela fonctionne aussi bien avec du nettoyant pour vitres. C'est surtout l'essuyage final avec du journal qui permet de faire briller, notamment grâce à son encre qui laisse un film protecteur invisible. Si votre vie est monotone, vous pouvez y ajouter un grain de folie en choisissant un journal différent pour le nettoyage et pour l'essuyage. Sensations fortes garanties.

REDONNER VIE
à une poêle brûlée

La cuisine, c'est du plaisir, mais parfois c'est aussi des grosses galères : doser les pâtes, brancher le micro-ondes, ouvrir une bouteille de ketchup, nettoyer une poêle encrassée. Pour les trois premières, je ne connais pas de truc particulier. Pour la dernière en revanche, il existe une solution efficace et qui vous épargnera une fracture de la clavicule à force de frotter.

MATÉRIEL NÉCESSAIRE :

- Une poêle bien sale
- Du liquide vaisselle
- Du vinaigre blanc

MARCHE À SUIVRE :

- Verser le liquide vaisselle et quelques gouttes de vinaigre blanc dans la poêle
- Mettre la poêle sur feu doux et laisser chauffer durant 4 ou 5 minutes
- Laisser refroidir un petit peu
- Récupérer la poêle et frotter tranquillement avec une éponge

CONSÉQUENCE

Félicitations, vous avez une poêle toute propre !
Vous pouvez faire des omelettes. Encore faut-il apprendre à casser des œufs.

NETTOYER une grille

Le moment de la vaisselle est une terrible épreuve pour certaines personnes. Alors quand les tâches ménagères ne sont pas bêtes et méchantes mais plus complexes, ça devient carrément l'enfer. Pour nettoyer des grilles, par exemple. Choisissez une éponge digne de confiance, qui acceptera de se sacrifier au front pour venger l'honneur de toutes les autres éponges jetées injustement à la poubelle après des tentatives de récurage infructueuses.

MATÉRIEL NÉCESSAIRE :

- Un couteau
- Une éponge
- Une grille crasseuse

MARCHE À SUIVRE :

- Poser l'éponge à plat
- Faire des coupes verticales, puis horizontales
- Passer l'éponge entre les barres de la grille en utilisant les fentes ainsi créées

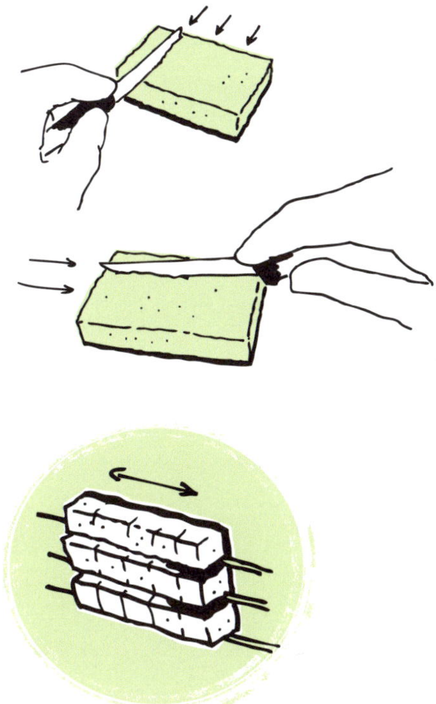

MISE EN GARDE

Cette éponge a beau avoir été valeureuse, évitez de l'embrasser pour la féliciter : elle ne se changera pas en l'amour de votre vie.

LAVER
le micro-ondes

85 % des foyers français utilisent un micro-ondes. On comprend pourquoi : on peut presque tout préparer avec. Le problème, c'est qu'on en abuse, on s'en sert beaucoup trop souvent et on n'a jamais le temps de le laver. Et ce n'est sûrement pas le côté vert de l'éponge qui va nous aider à enlever les vieilles taches toutes sèches accrochées sur ses parois.

MATÉRIEL NÉCESSAIRE :

- Une assiette creuse (ou une petite bassine)
- De l'eau
- Du vinaigre blanc
- Une éponge
- Un micro-ondes crado

MARCHE À SUIVRE :

- Mélanger l'eau avec le vinaigre dans une assiette creuse
- Mettre le mélange au micro-ondes pendant 10 minutes

POURQUOI ÇA FONCTIONNE ?

Les vapeurs de l'eau et du vinaigre vont ramollir les saletés, et vous pourrez les nettoyer sans effort. Voilà comment une mini-astuce va rendre votre micro-ondes propre et vous apporter une maxi-satisfaction.

NETTOYER son fer à repasser

Il m'est déjà arrivé d'avoir un fer à repasser tellement abîmé par le temps qu'en repassant mes vêtements propres, je les salissais. Je devais donc les relaver, les ressécher, puis les repasser et les salir à nouveau… Au bout de trois cycles, j'ai tout bêtement commencé à porter des habits froissés. Comment enlever cette rouille qui s'accumule parfois sur la plaque du fer à repasser ?

MATÉRIEL NÉCESSAIRE :

- Du sel
- Une serviette en papier
- Un fer à repasser un peu sale

MARCHE À SUIVRE :

- Renverser du sel sur la serviette en papier dépliée
- Chauffer le fer à repasser
- Passer le fer sur le sel comme si vous vouliez le repasser
- Essuyer la plaque, une fois le fer refroidi

CONSÉQUENCE ET MISE EN GARDE

Désormais, votre tee-shirt préféré sera impeccablement propre et repassé. N'oubliez pas de jeter le sel, car si quelqu'un entre chez vous et voit un tas de poudre blanche sur la table, ça peut être mal interprété.

NETTOYER
une chaîne de vélo

Octobre. Bretagne. Il pleut. Vous êtes arrêté sur le bord d'une route avec votre vélo qui a déraillé. En plus de choper un rhume, d'être à vingt minutes de chez vous et de ne plus avoir de réseau, la chaîne que vous essayez de remettre est complètement encrassée et vous vous salissez les mains. Voici comment maintenir votre chaîne propre.

MATÉRIEL NÉCESSAIRE :

- Deux brosses à dents usagées
- Du liquide vaisselle
- De l'eau chaude
- Du scotch

MARCHE À SUIVRE :

- Placer les brosses à dents l'une en face de l'autre (poils contre poils)
- Scotcher les manches entre eux
- Tremper la double brosse magique dans le mélange d'eau chaude et de liquide vaisselle
- Glisser la chaîne entre les deux brosses
- Frotter. Frotter. Frotter. (Coller, serrer, comme vous voulez)

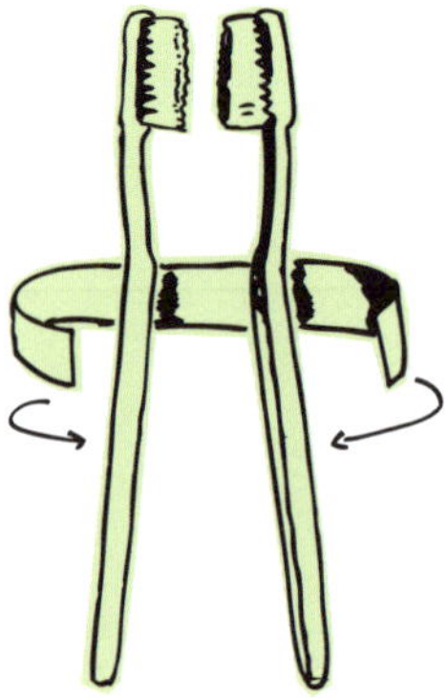

MISE EN GARDE

Afin d'éviter de faire face à une situation similaire à l'avenir, vous pouvez également opter pour le scooter et, éventuellement, quitter la Bretagne (je sais, c'est une décision douloureuse).

NETTOYER son objectif photo

Le cache de votre appareil photo a été oublié chez un ami environ deux jours après son achat. Votre pote vous a dit : « T'inquiète, il est pas perdu » (que vous pouvez traduire par « Tu ne le reverras plus jamais »). Il vous faut donc trouver une solution pour nettoyer votre objectif de la poussière et des traces de doigts.

MATÉRIEL NÉCESSAIRE :

- Une lingette démaquillante
- Un briquet (ou une bougie)
- Un verre (ou une cuillère)

MARCHE À SUIVRE :

- Chauffer le verre avec la pointe de la flamme du briquet
- Un dépôt foncé apparaît sur le verre
- Récolter ce dépôt à l'aide de la lingette
- Frotter votre objectif avec

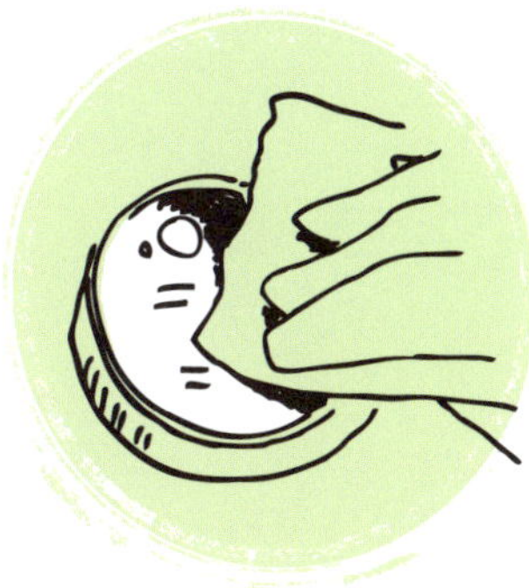

CONSÉQUENCE ET MISE EN GARDE

Votre objectif sera propre. À défaut de cache, pensez à protéger votre objectif en fixant un tissu ou sac plastique autour, à l'aide d'un élastique. Prenez de bonnes résolutions en prenant de bonnes photos en bonne résolution.

DANS LA CUISINE

RETIRER LE CALCAIRE d'une bouilloire

Idéalement, il ne faut jamais réchauffer plusieurs fois la même eau dans une bouilloire. Cela favorise le dépôt du calcaire. Or le calcaire n'est bon ni au goût, ni pour le corps. Mais si vous êtes comme moi, et que chaque fois que vous mettez de l'eau à bouillir pour vous faire un thé, vous l'oubliez, puis recommencez l'opération à 2 ou 3 reprises pour finalement ne pas boire ce foutu thé, alors cette solution est pour vous.

MATÉRIEL NÉCESSAIRE :

- Un citron
- De l'eau
- Une bouilloire

MARCHE À SUIVRE :

- Remplir la bouilloire d'eau
- Ajouter une tranche de citron à l'intérieur
- Faire bouillir
- Le calcaire est décollé, vous pouvez rincer

POURQUOI ÇA CHANGE LA VIE ?

Vous verrez la différence à l'œil nu et sans produits chimiques. En plus, l'odeur dégagée est plutôt sympa. Buvez autant de thé que vous voulez.

DÉCOLLER deux verres coincés

Quand on fait la vaisselle, on ne pense pas au moment où il faudra la ressortir. Ainsi, il arrive parfois que l'on empile deux verres, que ces derniers se retrouvent coincés entre eux et qu'il soit difficile de les détacher. Si on force trop, on risque de les casser dans la main. J'ai un truc pour garder vos verres et vos mains intacts.

MATÉRIEL NÉCESSAIRE :

- Deux verres collés
- De l'eau
- Un récipient

MARCHE À SUIVRE :

- Mettre de l'eau froide dans le verre du dessus
- Verser de l'eau chaude dans le récipient
- Placer les deux verres collés dans l'eau chaude
- Attendre que la magie opère

POURQUOI ÇA CHANGE LA VIE ?

Vous éviterez de faire comme mon pote qui a perdu la moitié de ses verres parce qu'il en cassait chaque fois un pour récupérer l'autre.

EN FINIR AVEC LES Tupperware® qui puent

Le Tupperware®, c'est ce qu'il y a de mieux pour apporter sa nourriture en cours ou au travail, ou encore pour faire des réserves de nourriture dans un resto où le buffet est à volonté (je l'ai déjà fait, j'avoue). Mais le problème avec les « Tupps » (oui, j'ai envie de les appeler comme ça), c'est qu'ils peuvent vite traîner une mauvaise odeur difficile à enlever. Si vous ne voulez pas que vos repas sentent le chien mouillé, j'ai ce qu'il vous faut.

MATÉRIEL NÉCESSAIRE :

- Un « Tupps » (j'insiste, j'aime bien)
- Du papier journal

MARCHE À SUIVRE :

- Rouler une feuille de journal en boule
- La placer à l'intérieur du Tupperware®
- Fermer hermétiquement

POURQUOI ÇA FONCTIONNE ?

Le papier journal va absorber toutes les mauvaises odeurs et votre Tupperware® sentira la rose ! Sauf si votre déjeuner favori, c'est des pâtes au maroilles et à l'oignon.

SE FABRIQUER UN ÉCONOME très très très économe

Tout le monde n'a pas un épluche-légumes à la maison. Parfois, on utilise un couteau classique, mais le tiers du légume part à la poubelle. Ça n'aura plus jamais lieu.

MATÉRIEL NÉCESSAIRE :

- Une canette
- Un cutter
- Du liquide vaisselle
- Des légumes à éplucher

MARCHE À SUIVRE :

- Découper le haut d'une canette
- Laver la canette (en faisant gaffe aux mains)
- Utiliser le haut de la canette pour éplucher

POURQUOI ÇA CHANGE LA VIE ?

Cet économe est tellement économe qu'il vous fait même économiser le prix d'un économe. Je vous ai dit qu'il était économe ?

AIGUISER
un couteau

Vu que vous êtes un cuisinier hors pair, il vous faut des couteaux bien aiguisés. Car il n'y a rien de pire que de découper une tomate avec un couteau qui ne coupe pas. C'est un cauchemar, voire un enfer. Rassurez-vous, ce traumatisme ne vous arrivera plus jamais.

MATÉRIEL NÉCESSAIRE :

- Un couteau qui coupe mal
- Des boîtes d'allumettes
- Du scotch

MARCHE À SUIVRE :

- Fixer plusieurs boîtes d'allumettes ensemble à l'aide du scotch
- Frotter la lame du couteau contre les grattoirs des boîtes d'allumettes

MISE EN GARDE

N'oubliez pas de laver le couteau après l'avoir aiguisé car les grattoirs contiennent de la poudre de verre et du phosphore, et à mon avis ce ne sont pas les meilleurs condiments pour accompagner votre entrecôte. Maintenant, pensez à une tomate bien découpée, à des tranches impeccables, toutes de la même taille, à une plage, à Emily Ratajkowski ou Ryan Gosling qui arrive au ralenti et... euuh... je m'égare.

IMPROVISER
une pince à salade

Que ce soit pour mélanger de la salade ou retourner une viande bien grasse, personne n'est contre un ustensile de type pince à salade dans sa cuisine. Voici comment s'en fabriquer une avec tout ce que vous avez déjà chez vous.

MATÉRIEL NÉCESSAIRE :

- Deux cuillères
- Une pince à double clip

MARCHE À SUIVRE :

- Coincer les deux cuillères dans la pince comme sur le dessin
- Utiliser ce magnifique outil comme un prolongement de votre bras

POURQUOI ÇA CHANGE LA VIE ?

C'est tout de même plus classe que de le faire avec les mains, surtout en face des invités.

FABRIQUER
une râpe à fromage

Vous avez un joli bloc de fromage qui pourrait se marier à merveille avec le plat de pâtes que vous venez de concocter. Problème : vous n'avez aucune idée de l'endroit où peut être la vieille râpe que vous avez aperçue pour la dernière fois en 2015. Voici de quoi vous épargner de casser tous vos tiroirs.

MATÉRIEL NÉCESSAIRE :

- Une boîte de conserve
- Du papier de verre (ou une lime à ongles)
- Un peu de patience
- Un clou
- Un marqueur
- Un marteau

MARCHE À SUIVRE :

- Nettoyer l'intérieur de la boîte de conserve
- Tracer au marqueur des traits verticaux et horizontaux de manière à créer un quadrillage tout autour de ladite boîte
- Percer des trous à intervalles réguliers en suivant le quadrillage à l'aide d'un clou et d'un marteau (vous pouvez maintenir le clou avec une pince à linge)
- Frotter l'intérieur au niveau des trous avec du papier de verre afin de les lisser

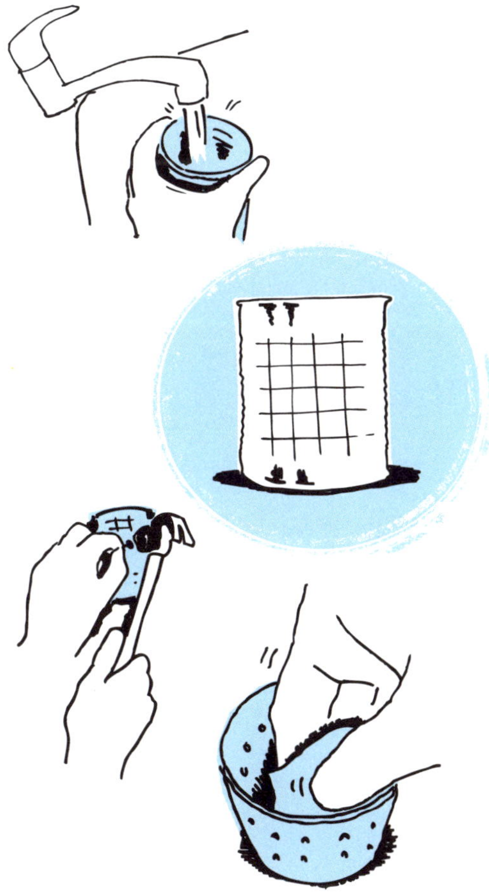

POURQUOI ÇA CHANGE LA VIE ?

Vous n'avez plus de déperditions pendant le râpage. Vous pouvez ainsi remplir la boîte de conserve de fromage et en préparer pour 8 personnes.

LA NOURRITURE

CUISINER
sans salir son téléphone

Vous aimez bien cuisiner, mais pour que votre plat ressemble à quelque chose de comestible, il faut que vous suiviez des recettes vidéo à la lettre. Vous alternez donc entre toucher des aliments salissants, laver vos mains et manipuler votre téléphone. Comment réduire ce temps perdu à vous nettoyer les mains ?

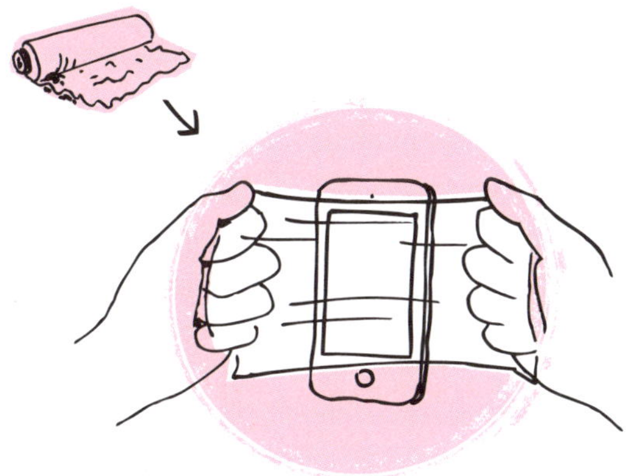

MATÉRIEL NÉCESSAIRE :

- Du film plastique
- Votre téléphone

MARCHE À SUIVRE :

- Envelopper votre téléphone dans le film plastique avant de commencer à cuisiner

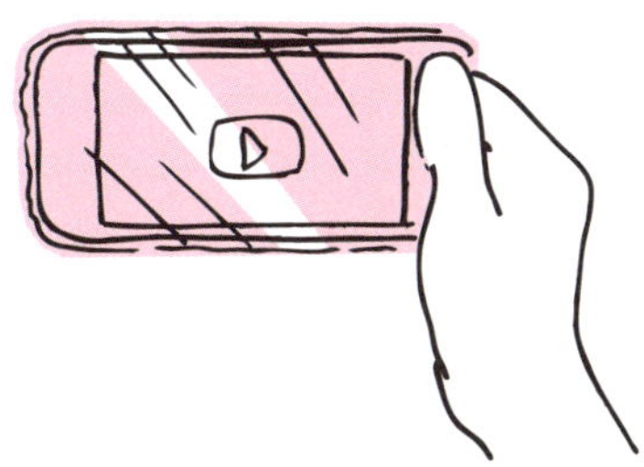

POURQUOI ÇA CHANGE LA VIE ?

Vous pouvez désormais toucher votre téléphone en cuisinant, et le tactile fonctionne encore. En revanche, si vous avez peur de vous salir, évitez de faire ça :

COUPER
sans se couper

La vie nous a dotés de 10 doigts, et 1 de perdu, ce n'est pas 10 de retrouvés. Vous voulez jouer au chef japonais et tailler vos légumes aussi vite que votre ombre ? Comme les doigts ne repoussent pas, vous avez besoin d'une protection.

MATÉRIEL NÉCESSAIRE :

- Une bouteille en plastique
- Une paire de ciseaux
- Un élastique

MARCHE À SUIVRE :

- Découper une forme ovale dans la bouteille
- Faire deux trous de chaque côté
- Passer l'élastique dans les trous
- Enfiler votre main entre l'élastique et le plastique
- Couper vos produits en toute tranquillité et avec style

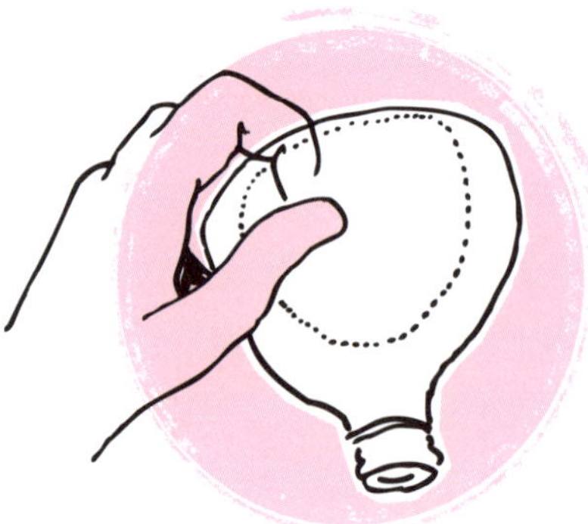

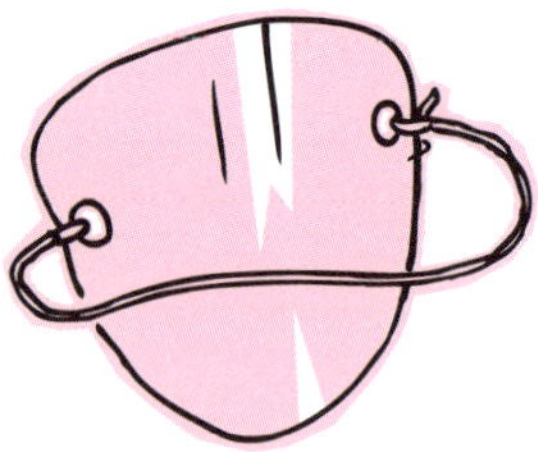

POURQUOI ÇA CHANGE LA VIE ?

Un plat est généralement plus savoureux lorsqu'il ne contient pas de traces de sang.

PROLONGER LA VIE de vos bananes

Comme nous tous, la banane a tendance à s'ennuyer et à se laisser pourrir quand on ne s'occupe pas d'elle. La seule différence, c'est que chez nous, cela ne s'arrange pas aussi facilement que pour elle.

MATÉRIEL NÉCESSAIRE :

- Des bananes
- Du film plastique

MARCHE À SUIVRE :

- Séparer les bananes les unes des autres
- Enrouler le film plastique sur la queue de chacune d'elles

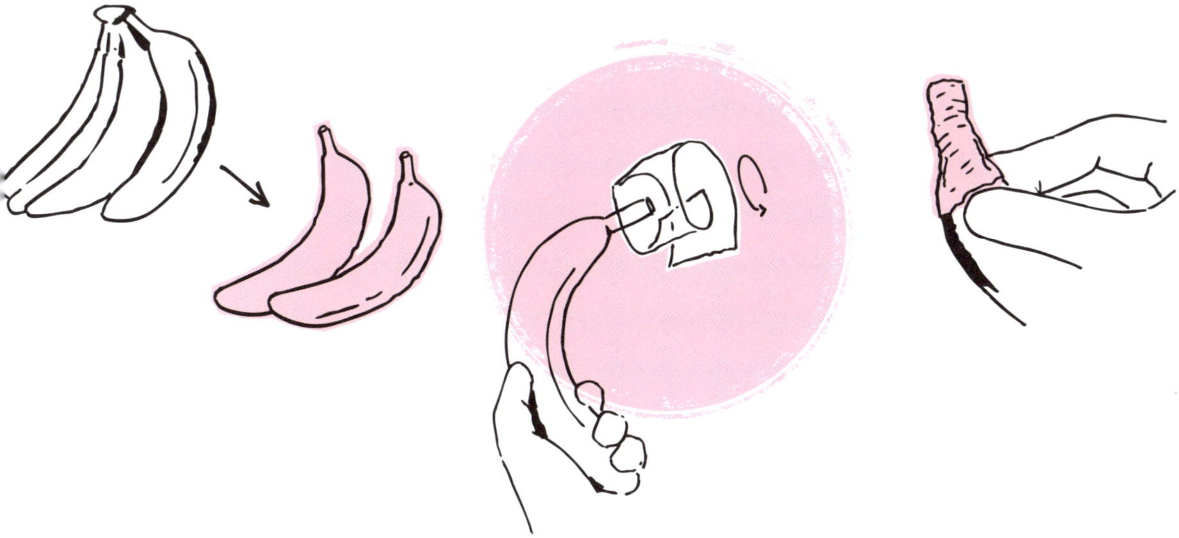

MISE EN GARDE

Si vous avez un coup de mou, ne vous entourez pas de film plastique : ça sera inconfortable pour un effet totalement nul.

FAIRE DES GLAÇONS dans l'urgence

Vous avez invité des amis à boire un verre et vous avez complètement oublié de préparer de la glace ? Vous téléporter au pôle Nord n'est pas une option envisageable et SOS glaçons est sur messagerie. Nous avons déjà perdu assez de temps, agissons.

MATÉRIEL NÉCESSAIRE :

- Une bouilloire
- Un bac à glaçons
- Un congélateur

MARCHE À SUIVRE :

- Faire chauffer de l'eau (vous pouvez aussi utiliser l'eau chaude du robinet, mais le goût des glaçons ne sera pas le même)
- Verser l'eau chaude dans le bac à glaçons
- Mettre le tout au congélateur

CONSÉQUENCE ET MISE EN GARDE

Contrairement à ce que l'on pourrait penser, l'eau chaude gèle beaucoup plus vite que l'eau froide. Je vous déconseille de le faire avec un sachet à glaçons, qui risquerait de fondre et faire couler de l'eau bouillante sur vos doigts. Il vous faudrait alors décommander vos invités, et refaire des glaçons pour soulager votre douleur.

FERMER UN BOCAL sans couvercle

Vous avez apporté des cornichons à une soirée, et étrangement personne n'en a mangé, mais vos amis ont réussi à perdre le couvercle. Il est hors de question de les jeter ou de laisser le pot chez vos copains, qui ne méritent manifestement pas ce légume noble. Alors comment transporter ce bocal plein et ouvert jusqu'à chez vous sans en renverser partout ?

MATÉRIEL NÉCESSAIRE :

- Un pot sans couvercle
- Un ballon gonflable (si c'est une soirée, il devrait y en avoir)

MARCHE À SUIVRE :

- Gonfler le ballon
- Le poser au-dessus du pot ouvert
- Appuyer sur le pot en dégonflant le ballon doucement

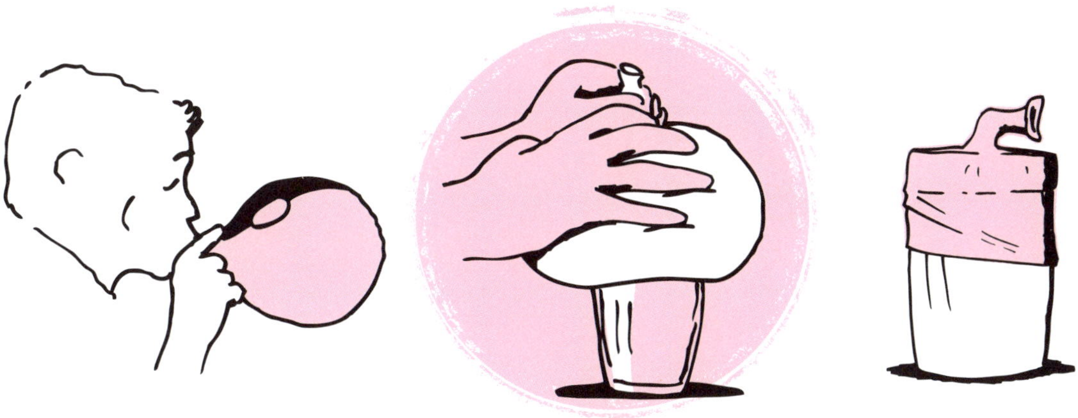

POURQUOI ÇA FONCTIONNE ?

Le ballon se dégonflera en créant un magnifique couvercle hermétique. Voilà de quoi fermer des pots et des bouches !

SÉPARER
le jaune d'œuf du blanc

Parfois, séparer le jaune du blanc d'œuf se révèle aussi compliqué que de séparer deux mecs qui se bagarrent en sortie de boîte de nuit. Plus maintenant.

MATÉRIEL NÉCESSAIRE :

- Un œuf cru
- Une bouteille en plastique
- Une assiette

MARCHE À SUIVRE :

- Casser doucement l'œuf en deux, sans abîmer le jaune
- Déposer l'œuf dans une assiette
- Approcher le goulot de la bouteille du jaune en appuyant dessus
- Aspirer le jaune en faisant un effet ventouse

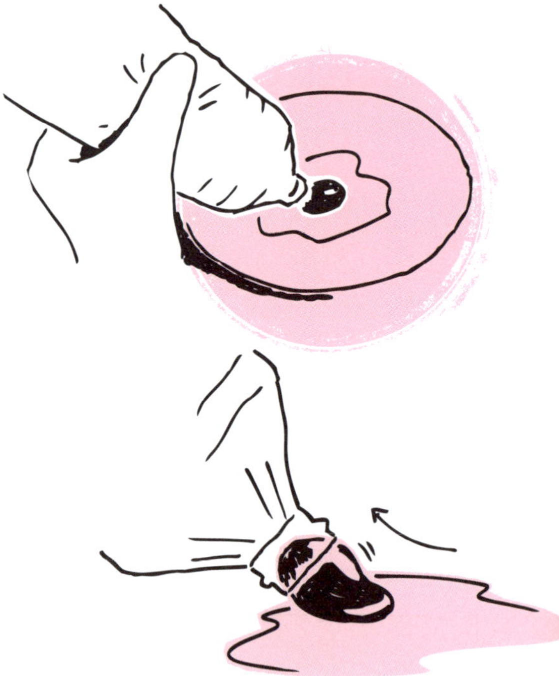

POURQUOI ÇA CHANGE LA VIE ?

Maintenant que vous avez réussi à faire ça, il ne vous reste plus qu'à apprendre à cuisiner, participer à *Top Chef* et dessiner des faux sourcils à Philippe Etchebest.

DÉTERMINER SI UN ŒUF est pourri ou pas

On a souvent des œufs qui traînent dans le frigidaire sans savoir s'ils sont encore bons ou pas. Tous les casser pour vérifier qu'ils sont consommables n'est pas forcément la bonne solution, car un œuf pourri dégage une odeur assez forte et loin d'être agréable.

MATÉRIEL NÉCESSAIRE :

- Un récipient
- De l'eau
- Des œufs qui traînent

MARCHE À SUIVRE :

- Remplir un récipient d'eau
- Placer les œufs dans l'eau
- Si l'œuf est bon, il descendra au fond, et s'il est non comestible, il flottera à la surface

POURQUOI ÇA CHANGE LA VIE ?

Vous éviterez d'empoisonner vos invités et vous-même.

AVOIR TROIS FOIS PLUS
de jus de citron

Que ce soit pour boire, pour cuisiner ou pour manger des fruits de mer, on a souvent besoin de jus de citron. Mais ce petit goût acide qui vient vivifier vos papilles n'est pas ce qu'il y a de plus aisé à extraire. Chaque fois que vous essorez un citron à la seule force de votre poignet, il en reste au moins la moitié à l'intérieur.

MATÉRIEL NÉCESSAIRE :

- Un citron
- Un micro-ondes
- Un couteau

MARCHE À SUIVRE :

- Chauffer le citron au micro-ondes pendant 10 secondes
- Au lieu de découper le citron dans sa largeur, le couper dans sa longueur (de la pointe à la pointe)
- Presser le citron

POURQUOI ÇA CHANGE LA VIE ?

Grâce à cette méthode, vous aurez 3 fois plus de jus et 3 fois moins mal au poignet. Et ça vous coûtera 3 fois rien !

NE PAS GÂCHER son citron

Si vous n'êtes pas un aussi gros consommateur de citron que moi, et que vous n'avez besoin que de quelques gouttes pour relever un plat (ou vous en mettre dans l'œil, après tout, vous avez le droit d'aimer ça), voici comment rendre vos citrons réutilisables.

MATÉRIEL NÉCESSAIRE :

- Un citron
- Un cure-dents
- Votre main musclée

MARCHE À SUIVRE :

- Rouler votre citron sur une table en appuyant fortement avec votre main : l'idée est de broyer son intérieur pour créer du jus
- Faire un trou au milieu avec le cure-dents
- Presser sur le citron

POURQUOI ÇA CHANGE LA VIE ?

Vous obtenez facilement quelques gouttes de citron. Si vous le rangez dans votre frigo, il ne séchera pas et vous pourrez l'utiliser pendant plusieurs jours.

PIMPER des sachets de chips

Des amis passent la soirée chez vous, mais vous n'avez pas envie de salir 10 assiettes pour les 10 différents types de chips qu'ils ont apportés. C'est vrai que vous pourriez poser les sachets sur la table à la bonne franquette, mais ce n'est pas ce qu'il y a de plus esthétique, fonctionnel et hygiénique (tout le monde va devoir fourrer sa main à l'intérieur du sachet, c'est pas le top). Non, vous méritez mieux que ça.

MATÉRIEL NÉCESSAIRE :

- Un paquet de chips
- Des ciseaux

MARCHE À SUIVRE :

- Faire une entaille au milieu du sachet
- Agrandir le trou doucement
- Découper en spirale jusqu'à obtenir un trou ovale suffisamment grand
- Poser le paquet sur la table

POURQUOI ÇA CHANGE LA VIE ?

Le sachet sert d'assiette jetable. Vos chips ont une allure originale, vous serez à coup sûr la star de la soirée. Et cela, même si un de vos amis annonce son mariage.

REDONNER DU CROUSTILLANT aux chips

Imaginez un pique-nique avec des chips qui ont perdu de leur croustillant et du Coca tiède. Assez triste, n'est-ce pas ? Pour le Coca, deux astuces présentes dans ce livre pourront vous aider (voir pages 116 et 126), mais ce n'est pas l'objet de ce chapitre. Pour vos chips, voici comment vous y prendre.

MATÉRIEL NÉCESSAIRE :

- Des chips qui ne croustillent plus
- Une assiette
- Du sopalin
- Un micro-ondes

MARCHE À SUIVRE :

- Disposer les chips sur une assiette
- Placer une feuille de sopalin au-dessus
- Mettre le tout au micro-ondes pendant 20-30 secondes

POURQUOI ÇA FONCTIONNE ?

Le sopalin absorbe toute l'humidité dégagée par les chips, et ces dernières redeviennent très croustillantes. D'ailleurs on dit une chips ou un chips ? On dit des chips !

RÉCHAUFFER UN RESTE DE PIZZA au micro-ondes

Lendemain de soirée. Il reste une fin de pizza au frigo. Après avoir évalué le niveau d'amour-propre que vous portez à votre personne, vous décidez que vous allez quand même en manger une part, histoire de ne pas mourir de faim. Problème : vous avez de mauvais souvenirs des pizzas réchauffées au micro-ondes. Voici donc comment donner à cette part de pizza un goût convenable.

MATÉRIEL NÉCESSAIRE :

- Un verre d'eau
- Un micro-ondes
- Une pizza

MARCHE À SUIVRE :

- Mettre un verre d'eau au micro-ondes et porter à ébullition
- Poser la part de pizza dans le micro-ondes tout en laissant le verre à l'intérieur
- Faire chauffer le tout

POURQUOI ÇA FONCTIONNE ?

L'humidité qui se dégage de l'évaporation d'eau sera absorbée par la part de pizza, et lui offrira une seconde vie. Elle sera peut-être même meilleure qu'au départ. Ainsi, vous n'aurez pas l'impression de mâcher du plastique ramassé au large de l'océan Atlantique.

RÉCHAUFFER SA PIZZA
sans four et sans micro-ondes

La pizza, vous avez compris, j'aime ça. Je dois avouer que cette technique, je ne l'assume pas trop, mais elle m'a bien servi quand j'étais en galère de four

MATÉRIEL NÉCESSAIRE :

- Un grille-pain
- Une part de pizza

MARCHE À SUIVRE :

- Coucher horizontalement le grille-pain
- Placer votre part de pizza comme dans un four
- La retirer et déguster

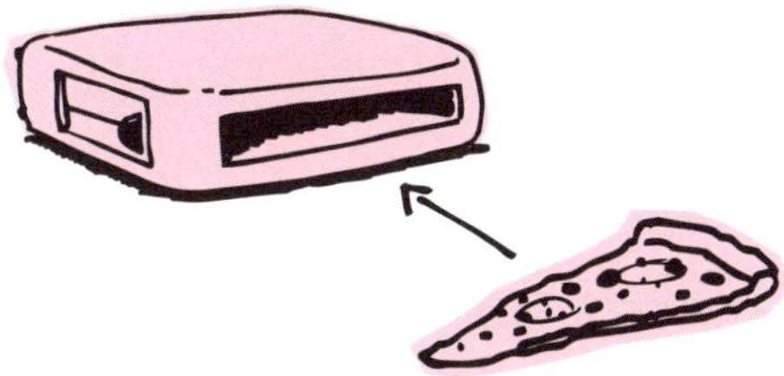

MISE EN GARDE

Cela nécessite de réchauffer les parts une par une (et d'avoir un grille-pain), mais ça ajoute un côté croustillant que vous n'aurez pas avec un micro-ondes. Après, ça fonctionne beaucoup moins bien avec des spaghettis à la bolognaise, et je parle en connaissance de cause.
Je vous laisse, je dois sortir mon poulet rôti du mixeur.

RAFRAÎCHIR UNE BOUTEILLE grâce au soleil

« Y'a pu d'saison ! Tout coûte une blinde, tu verras qu'bientôt y vont nous faire payer pour pouvoir profiter du soleil. » En attendant la réalisation de cette tirade prophétique prononcée depuis un bistro du futur, le soleil est encore une ressource dont on peut profiter sans avoir à payer de taxe. Ici, on va apprendre à conserver son eau fraîche en se servant des rayons du soleil.

MATÉRIEL NÉCESSAIRE :

- Une bouteille en verre remplie d'eau
- Un torchon
- Un saladier

MARCHE À SUIVRE :

- Remplir un saladier d'eau
- Mettre le torchon dedans et l'imbiber
- Essorer rapidement le torchon
- Entourer la bouteille avec le torchon en serrant et en couvrant bien toute la surface
- Laisser la bouteille sous un soleil de plomb

CONSÉQUENCE ET MISE EN GARDE

Un phénomène physique intéressant se met alors en place. Grâce à la chaleur du soleil, l'eau du torchon s'évapore. Cela permet à l'eau qui est à l'intérieur de la bouteille de se rafraîchir. Attention, ce principe ne s'applique pas à toutes les sources de chaleur. Par exemple, au four, la bouteille risque d'avoir une tout autre réaction.

ALLUMER LE BARBECUE plus rapidement

L'été, son soleil, ses bains de minuit, sa canicule. Et aussi ses barbecues. Le barbecue, c'est ce moment où l'homme s'autoproclame roi après que sa femme a acheté et fait mariner la viande, nettoyé la grille, mis la table. Tout ce qu'il s'est contenté de faire finalement, c'est poser puis retirer la viande de la grille. Messieurs, voici une occasion de vous rattraper.

MATÉRIEL NÉCESSAIRE :

- Du charbon
- Une boîte d'œufs vide
- Un barbecue

MARCHE À SUIVRE :

- Mettre les morceaux de charbon dans la boîte d'œufs vide
- Placer la boîte dans le feu

POURQUOI ÇA CHANGE LA VIE ?

Avec cette astuce, vous serez (un peu) le roi du barbecue. C'est un titre honorifique aussi utile que celui de Miss tee-shirt mouillé, mais si ça peut vous faire plaisir, c'est l'essentiel.

DÉNOYAUTER une cerise

Tout petit, j'étais fasciné par les olives ou cerises dénoyautées du commerce. Comment a-t-on réussi à retirer le noyau à l'intérieur sans détruire l'intégralité de l'aliment ? J'ai enfin obtenu une réponse à cette question (bon, je ne suis pas certain que ce soit cette méthode qu'on utilise à l'échelle industrielle).

MATÉRIEL NÉCESSAIRE :

- Une cerise
- Une baguette chinoise
- Une bouteille au goulot pas trop étroit

MARCHE À SUIVRE :

- Retirer la tige de la cerise
- Placer la cerise de manière à coller le creux contre le haut de la bouteille
- Positionner verticalement la baguette et la faire descendre en exerçant une pression

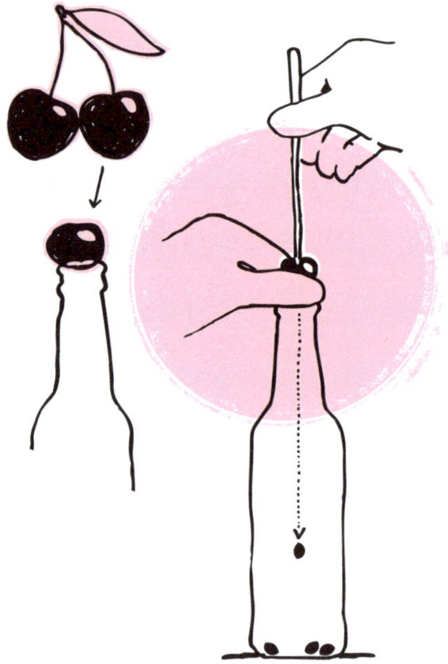

À SAVOIR

Celle-ci, je l'ai déjà testée en soirée. C'est un peu usant quand il y a 12 kilos de cerises et que tout le monde vient te voir pour que tu lui retires son noyau. Alors que moi, tout ce que je voulais c'était m'amuser, oublier mes ennuis. Ils ne pouvaient pas acheter des Mon Chéri comme tout le monde ?!? C'est quoi l'étape d'après ? Me faire enfiler leur housse de couette les yeux fermés ? Compter des trombones ? Ramasser des paillettes une à une ?

ÉPLUCHER un kiwi

Je ne sais pas si vous mangez beaucoup de kiwis, peut-être que non, peut-être kiwi. Allez hop, ça c'est gratuit ! Le kiwi contient énormément de vitamines, le seul problème c'est son épluchage. Très peu de gens le consomment avec la peau (juste moi, en fait), et pour bien le peler, ça peut vite devenir un calvaire. Mais pas ici !

MATÉRIEL NÉCESSAIRE :

- Un verre (à paroi assez fine)
- Un kiwi
- Un couteau

MARCHE À SUIVRE :

- Couper le kiwi en deux
- Prendre chaque moitié et la passer sur le verre comme sur l'illustration

DIFFICULTÉ

Un gamin de 3 ans sous Despé pourrait le faire.

LE PETIT DÉJEUNER

OUVRIR UN BOCAL DE CONFITURE avec classe

Le bocal de confiture est au père de famille ce qu'Excalibur est au roi Arthur : l'occasion de montrer « qui c'est qu'est l'plus fort ». Cependant, il arrive parfois que le monsieur n'y parvienne pas. Son ego doublé de virilisme déplacé en prend un coup. Voici comment lui sauver la peau.

MATÉRIEL NÉCESSAIRE :

- Un bocal de confiture
- Un gant en latex

MARCHE À SUIVRE :

- Attraper le couvercle du bocal avec le gant en latex
- Tourner pour ouvrir

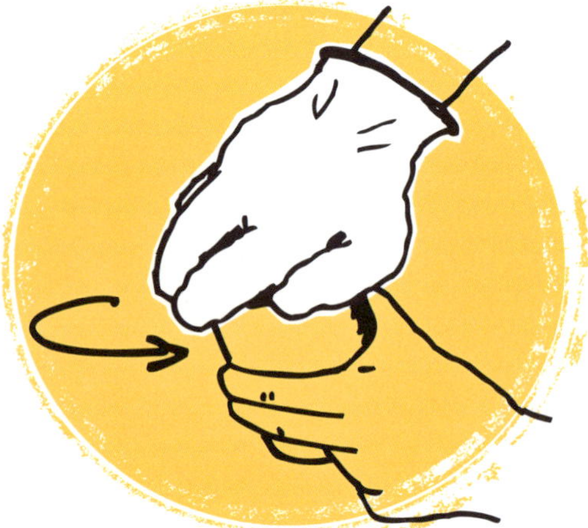

À SAVOIR

Fonctionne aussi avec les bocaux de cornichons. Évidemment, si vous essayez avec une boîte de conserve, ça risque d'être un peu plus compliqué.

FAIRE DU CAFÉ sans cafetière

Les pics à glace, le casse-croûte, la petite bouteille qui va bien et les chaussures dans le sac, vous êtes paré pour gravir l'Himalaya. Hélas, vous n'avez plus de place pour emporter la machine à café italienne à percolateur avec filtre permanent compatible en inox version collector 1976. Aucun problème : si vous avez de quoi faire chauffer de l'eau, vous allez pouvoir savourer votre petit déjeuner en montagne avec un bon café.

MATÉRIEL NÉCESSAIRE :

- Un filtre
- Un verre
- Du café moulu
- Un élastique
- De l'eau

MARCHE À SUIVRE :

- Placer le filtre sur le verre
- Rabattre les extrémités et les fixer avec un élastique
- Mettre le café dans le filtre
- Faire chauffer de l'eau
- Verser l'eau chaude

P-S

Désolé, je n'ai toujours pas de technique secrète pour fabriquer un spéculoos avec quelques branches et trois pommes de pin.

ÉVITER QUE LE LAIT ne déborde

Mettre du lait à chauffer dans une casserole, se poser devant la télé en attendant que ça chauffe, puis se retrouver à nettoyer les plaques de cuisson à l'éponge quand tout le lait a débordé. Vous aussi, vous avez des flashbacks en lisant ça ? Si, comme moi, vous avez une capacité de concentration égale à celle d'un lémurien, j'ai une solution.

MATÉRIEL NÉCESSAIRE :

- Une casserole
- Du sopalin ou un pinceau de cuisine
- De l'huile

MARCHE À SUIVRE :

- Verser le lait dans la casserole
- Enduire d'huile les bords intérieurs de la casserole à l'aide du sopalin ou du pinceau
- Faire chauffer

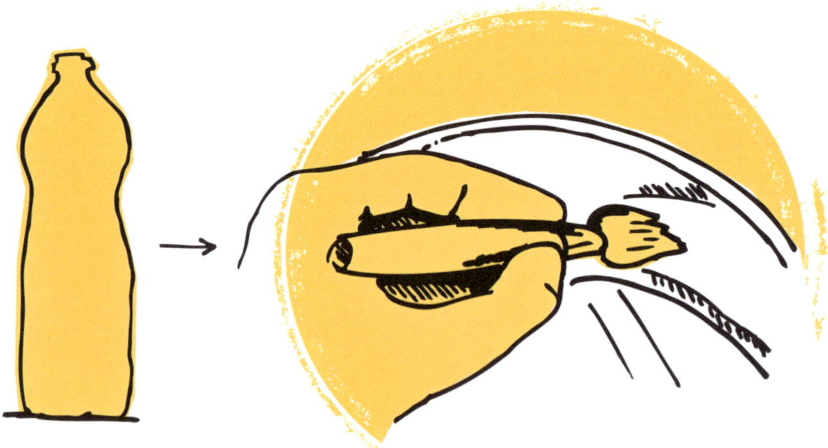

POURQUOI ÇA CHANGE LA VIE ?

L'huile va empêcher le lait de monter et votre amour-propre de descendre.

NE PAS NOYER son sachet de thé

Lorsque vous vous préparez un thé, il arrive souvent que l'étiquette tombe dans l'eau au moment de la verser. Il y a une parade, mais soyez très attentif, car la manœuvre à suivre nécessite beaucoup de concentration et de dextérité.

MATÉRIEL NÉCESSAIRE :

- Du silicium
- Un synchrophasotron (un accélérateur de particules)
- Du *Dracunculus vulgaris* (une plante très rare aussi appelée « herbe des sorcières »)
- Une tasse
- Un sachet de thé

MARCHE À SUIVRE :

- Soulever la tasse
- Coincer l'étiquette du sachet sous la tasse
- Verser l'eau chaude
- Dire une phrase en utilisant les 3 premiers mots de la liste du matériel nécessaire, pour paraître encore plus intelligent

DIFFICULTÉ

À peu près au même niveau que de faire ses lacets les yeux fermés.

ASTUCES BRANCHÉES

RANGER vos câbles

En attendant que Google ne nous transforme en robots connectés, il reste encore quelques résidus de l'ancien monde. Parmi ces restes, nous utilisons chaque jour des câbles électriques. Si vous ne pouvez pas les faire disparaître, voici comment éviter qu'ils traînent dans vos pattes.

MATÉRIEL NÉCESSAIRE :

- Un câble
- Un cintre en plastique (avec pinces)

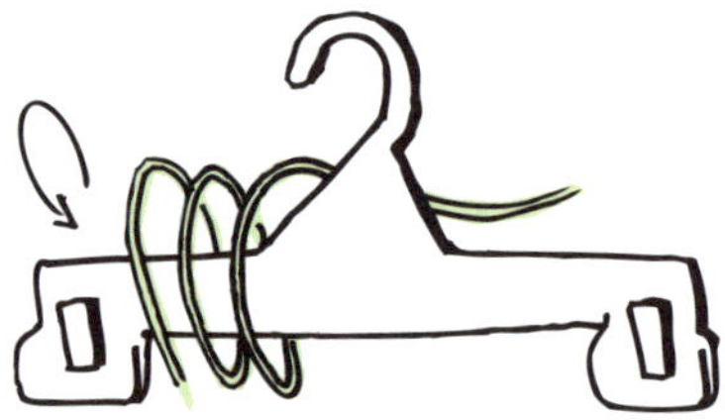

MARCHE À SUIVRE :

- Enrouler le câble autour du cintre
- Clipper les extrémités du câble dans chacune des pinces

CONSÉQUENCE ET MISE EN GARDE

Vous pouvez les ranger dans la penderie et gagner encore plus de place. Bien sûr, il faut accepter d'avoir des câbles à côté de votre tiroir à sous-vêtements. Faites une enquête de voisinage pour savoir ce qu'en pensent vos chaussettes. Cette astuce est beaucoup plus utile si vous habitez dans un 8 m² parisien que si vous avez une maison à la campagne avec garage.

SE SOUVENIR du branchement des câbles

Vous déménagez dans l'après-midi et vous appréhendez déjà le moment où il faudra vous rappeler tous les branchements de vos appareils. Que vous soyez un geek averti ou totalement hermétique à la technologie, vous avez forcément chez vous un appareil au branchement complexe. Je peux vous aider.

MATÉRIEL NÉCESSAIRE :

- Un appareil photo
- Un objet quelconque relié à des câbles et servant à regarder NRJ12 ou à faire du mauvais café

MARCHE À SUIVRE :

- Prendre en photo le branchement
- Déménager
- Ressortir la photo
- Rebrancher à l'identique
- Organiser votre crémaillère

MISE EN GARDE

Attention, cette astuce ne fonctionne pas avec l'appareil photo d'un Wiko.

ÉVITER DE TORDRE
un embout de chargeur

Le câble de votre chargeur qui commence à s'abîmer, votre téléphone qui ne charge plus, votre tête entre vos mains, vos doutes, vos interrogations. Avez-vous vraiment fait les bons choix ? N'y a-t-il pas quelque part un monde où ces ennuis n'existent pas ? Arrêtez de chercher.

MATÉRIEL NÉCESSAIRE :

- Un ressort au diamètre équivalent à celui de votre câble (souvent présent dans les stylos)
- Un chargeur de téléphone

MARCHE À SUIVRE :

- Enrouler minutieusement le ressort autour du câble
- Savourer votre nouvelle vie

POURQUOI ÇA CHANGE LA VIE ?

Vous allez pouvoir passer 2 fois plus de temps sur votre téléphone et 2 fois moins de temps à chercher comment passer 2 fois plus de temps sur votre téléphone.

ÉVITER LES PUBS quand vous jouez sur votre portable

Vous venez de télécharger un jeu sur votre smartphone consistant à tirer au laser sur des bonbons positionnés au-dessus de la tête d'oiseaux énervés, eux-mêmes catapultés sur des cochons. Ce jeu devait vous permettre de devenir une loque pépouze, mais a été gâché lorsqu'une pub est apparue. Ça ne faisait même pas deux minutes que vous aviez commencé, et paf elle a déboulé dans l'objectif fourbe de vous faire télécharger une appli pour apprendre le flamand. Vous en avez marre, vous voulez que ça cesse, vous aviez juste envie de laisser échouer lamentablement votre vie devant un écran sans être dérangé. Une vie meilleure s'annonce.

MATÉRIEL NÉCESSAIRE :

- Un smartphone
- Un doigt

MARCHE À SUIVRE :

- Mettre le portable en mode avion

POURQUOI ÇA CHANGE LA VIE ?

Sans connexion Internet, le portable ne recevra pas les données envoyées par les pubs, mais le jeu continuera à fonctionner. Voilà, vous pouvez maintenant jouer pendant des heures, et ne pas céder votre place à une vieille dame enceinte handicapée dans les transports parce que vous êtes trop absorbé.

ÉVITER LA SURCHAUFFE de votre PC

Il arrive souvent qu'au moment de vous caler sur le lit avec votre PC, vous sentiez qu'il est brûlant quand vous le posez sur vos cuisses. Cela est dû à une surchauffe qui peut endommager vos composants (oui, je parle comme un vendeur Fnac qui essaie de vous refiler un pack assurance tous risques sur 2 ans, je sais).

MATÉRIEL NÉCESSAIRE :

- Une grande boîte d'œufs
- Un ordinateur en surchauffe

MARCHE À SUIVRE :

- Retirer les œufs de la boîte
- Placer la boîte sous l'ordinateur

MISE EN GARDE

N'hésitez pas à nettoyer la poussière accumulée à l'intérieur de votre PC pour prévenir les risques de surchauffe. Un ordinateur, c'est comme un animal : il a besoin de preuves d'amour, sinon il boude.

Voirmodalitésenmagasinselonlesétablissementsparticipants

STABILISER
votre téléphone

Vous êtes la personne qui aime faire découvrir des musiques ou des vidéos drôles du web à vos amis. Mais c'est difficile de porter le téléphone d'une main tout en retenant votre pote qui s'en fiche de l'autre. Le remède était sous vos yeux depuis le début : votre chargeur !

MATÉRIEL NÉCESSAIRE :

- Un chargeur
- Votre téléphone
- Un ami

MARCHE À SUIVRE :

- Débrancher le câble de votre chargeur et ne garder que la prise (en vérité ça s'appelle une « lapinette », je vous mets au défi de le caser dans une conversation)
- Poser la prise, les tiges vers le haut
- Placer son téléphone en équilibre entre les deux tiges
- Mettre le son de votre vidéo très fort, ramener votre pote et dire : « Là, là ça va être trop marrant, regarde, là, là ! T'écoutes pas, écoute ! C'est trop des barres. Attends pas là... Juste après ! Là regarde ! Ah non c'était pas dans cette version. Attends, je vais retrouver la vidéo originale, je crois qu'elle est sur Dailymotion. »

MISE EN GARDE

D'accord, ce n'est pas le socle le plus solide et fiable, mais il fait bien l'affaire en dépannage.

NE PAS RAYER L'ÉCRAN de son smartphone

Vous partez à la plage et vous devez transporter votre smartphone dans un sac, mais vous craignez d'abîmer son écran qu'on vous a vendu comme inrayable (et que c'est en grande partie pour ça qu'il vous a coûté aussi cher) ? Votre téléphone a une coque mais elle protège tout sauf l'écran ? Vous en avez marre que je vous pose des questions au lieu de vous donner la solution ? Alors c'est parti !

MATÉRIEL NÉCESSAIRE :

- Un smartphone
- Une coque de smartphone

MARCHE À SUIVRE :

- Mettre votre coque sur l'écran en laissant le dos de votre téléphone découvert

À SAVOIR

Ça peut même vous éviter d'appeler votre patron depuis votre sac à dos. Oui oui, le « backpack-call », ça existe aussi, mais cela fera l'objet d'un livre entier (je compte l'intituler *Comment ne pas perdre son emploi, l'amour et sa dignité à cause de votre téléphone*).

CONVERTIR
une vidéo YouTube en gif

Vous êtes en train de regarder une vidéo YouTube et une inspiration de génie vous transperce : vous voulez extraire un gif de cette vidéo pour l'envoyer à vos amis en ajoutant une blague. Vous vous rendez rapidement compte que vos compétences avec un logiciel de montage sont limitées. Il y a bien certains sites qui peuvent le faire, mais vous ne vous rappelez jamais leur nom. Vous êtes sauvé.

MATÉRIEL NÉCESSAIRE :

- Un neurone
- Un ordinateur

MARCHE À SUIVRE :

- Aller sur la vidéo YouTube que vous voulez convertir
- Dans la barre d'adresse, effacer le « https:// », puis écrire « gif » entre le « www. » et « youtube »
- Taper Entrée

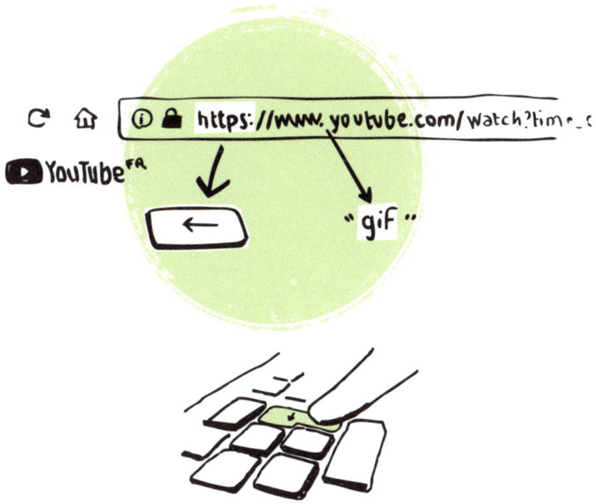

POURQUOI ÇA FONCTIONNE ?

Vous arriverez directement sur un site qui va vous permettre de découper l'extrait que vous voulez, le customiser et le sauvegarder en format .gif. Maintenant, reste à savoir de quelle école vous êtes : ceux qui disent « jif », ou ceux qui disent « guif » ? J'ai tendance à juger ceux qui prononcent « jif », je préfère vous avertir.

REMPLACER UNE PILE quand il n'y en a plus

C'est rare de changer les piles de votre télécommande, et on ne sait jamais quand elles vont vous lâcher. Même s'il y a quelques indices évidents, comme lorsque vous êtes obligé de presser sur les touches de toutes vos forces (d'ailleurs, note pour vous, appuyer fort sur la télécommande est aussi utile que d'insister plusieurs fois sur le bouton de l'ascenseur pour qu'il arrive plus vite : aucun intérêt). Là, les piles de votre télécommande vous ont abandonné en plein milieu de votre série préférée. Vous voudriez les changer mais il n'en reste qu'une seule qui fonctionne. Ça devrait suffire.

MATÉRIEL NÉCESSAIRE :

- Une pile
- Du papier alu

MARCHE À SUIVRE :

- Mettre la pile qui fonctionne dans la télécommande
- Chiffonner le papier alu jusqu'à obtenir une sorte de tige de la taille d'une pile
- Placer le papier alu à la place de la seconde pile

POURQUOI ÇA CHANGE LA VIE ?

Oui, une seule pile est suffisante pour faire marcher votre télécommande. Ça durera juste moins longtemps que si elles étaient deux. C'est un peu comme les jambes.

SAVOIR SI UNE PILE est à plat

Viiiiiiite ! L'émission de Drucker va démarrer et la télécommande déconne ! Premier réflexe : vous cognez l'objet contre la table en espérant le réanimer. Évidemment, cela, n'a... aucun effet. Vous sortez alors les piles pour savoir si ce sont elles ou la télécommande qui ont un problème. Et là, comment être sûr qu'elles ont encore de l'énergie ?

MATÉRIEL NÉCESSAIRE :

- Une table
- Une pile

MARCHE À SUIVRE :

- Prendre les piles en main et vous placer à 20 centimètres au-dessus de la table
- Lâcher les piles
- Observer leur mouvement :

- Si elles font plusieurs rebonds, c'est qu'elles n'ont plus d'énergie

- Si elles rebondissent une seule fois et retombent aussi sec, elles fonctionnent encore

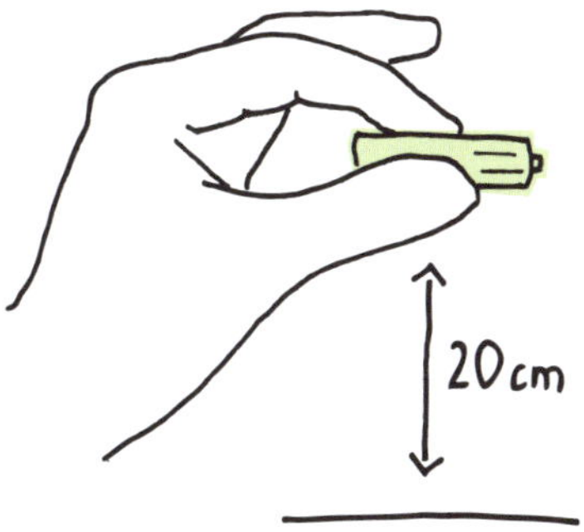

À SAVOIR

Évidemment, si elles ont encore du jus, c'est votre télécommande qui est défectueuse. Donc en plus de rater l'émission de Drucker, vous devez changer de télécommande. J'ai connu des semaines moins chiantes.

WTF

ALLUMER UNE BOUGIE
avec un spaghetti

Que ce soit pour une soirée romantique ou un rite satanique, vous avez toujours besoin d'avoir une bougie sous la main. Mais lorsqu'une bougie est un peu usée, sa mèche est difficile à atteindre sans se brûler. Dans ce cas, Super Spaghetti peut venir à votre rescousse.

MATÉRIEL NÉCESSAIRE :

- Un spaghetti
- Une bougie
- Du feu

MARCHE À SUIVRE :

- Allumer le bout du spaghetti
- Atteindre le bout de la mèche

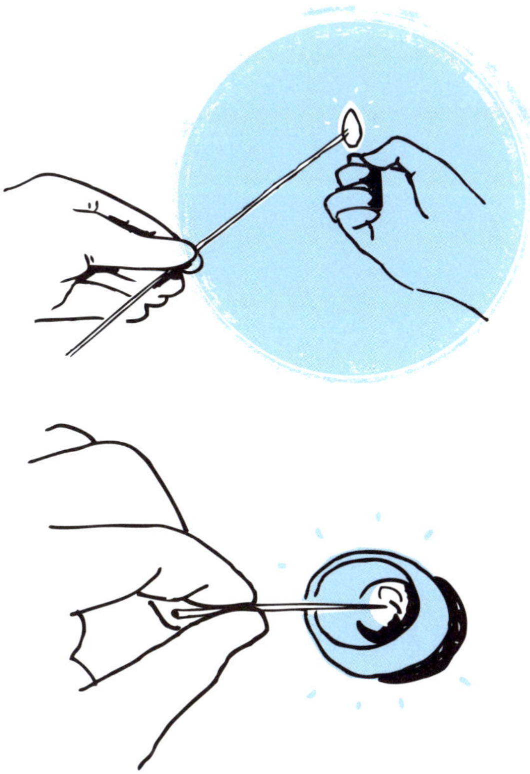

DIFFICULTÉ

À peu près aussi complexe que de changer une cartouche de stylo-plume.

TRANSFORMER UNE BALLE de tennis en porte-clés mural

Si vous en avez assez des porte-clés muraux à l'ancienne et que vous voulez ajouter une touche sportive à votre appartement, il vous faudra bien peu de choses. La balle de tennis qui traîne dans votre garage en fait partie.

MATÉRIEL NÉCESSAIRE :

- Une balle de tennis
- Un couteau
- Une petite ventouse en plastique

MARCHE À SUIVRE :

- Trouer la balle pour fixer la ventouse comme sur l'illustration
- Creuser une fente à l'horizontale de l'autre côté de la balle
- Fixer la ventouse avec la balle sur un mur ou un placard
- Faire entrer la clé à l'intérieur de la balle comme si vous l'insériez dans une serrure

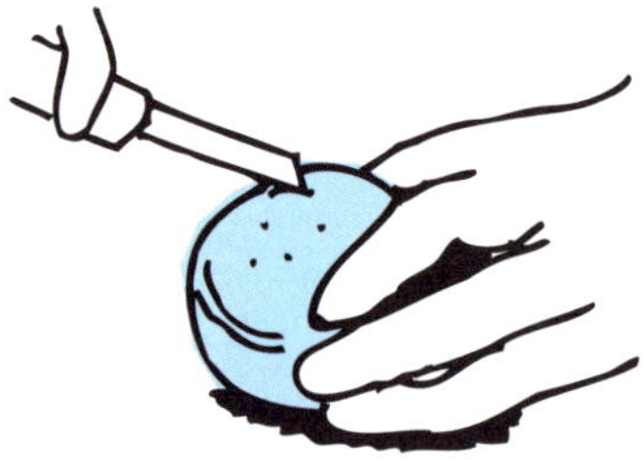

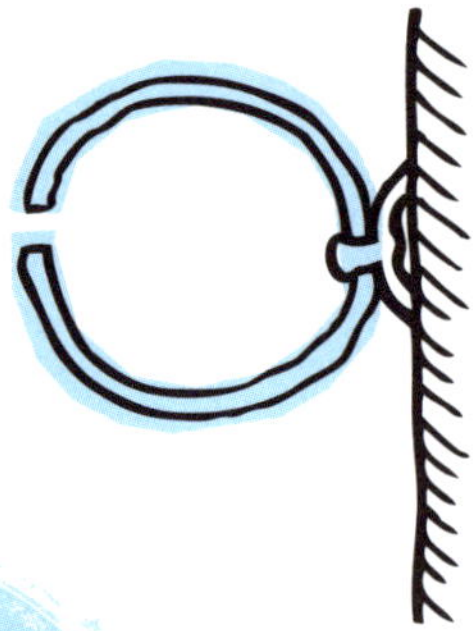

À SAVOIR

Vous pouvez également y glisser du courrier, ou bien des cartes de crédit ou Pokémon, selon votre âge et votre rapport à la vie adulte.

ROUVRIR UNE ENVELOPPE grâce au congélateur

Il arrive parfois que vous fermiez une enveloppe en ayant oublié d'y glisser quelque chose. Dans ce cas, beaucoup cèdent à la fatalité, et déchirent le papier pour prendre une autre enveloppe. C'est une attitude que je qualifierais de « pas super écoresponsable quand même, hein ». En voici une autre, beaucoup plus cool.

MATÉRIEL NÉCESSAIRE :

- Votre main
- Une enveloppe fermée
- Un congélateur
- Un couteau à bout rond

MARCHE À SUIVRE :

- Frapper très fort avec votre paume sur votre front en disant : « Mince, y'a une partie de moi qui est stupide ou quoi ? »
- Vous rendre compte que vous avez acheté ce livre et que vous êtes sauvé
- Mettre l'enveloppe au congélateur 30 minutes environ (thermostat -18 °C)
- Sortir l'enveloppe et détacher lentement la partie collée à l'aide du couteau

POURQUOI ÇA CHANGE LA VIE ?

Vous pourrez ainsi ajouter cette compétence sur votre CV, si vous souhaitez bosser dans l'espionnage international ou en tant que détective privé. Personnellement, je m'en suis surtout servi pour intercepter et corriger mes bulletins de classe et les lettres d'avertissement du collège.

SE GRATTER le dos

Votre dos vous démange, mais vous êtes souple comme un Playmobil et non comme un gymnaste du Cirque du Soleil. Il vous faudra alors un peu d'inventivité et de confiance en vous.

MATÉRIEL NÉCESSAIRE :

- Un selfie stick (si vous ne le trouvez pas, cherchez dans le tiroir avec les hand spinners et le hoverboard)
- Un peigne

MARCHE À SUIVRE :

- Fixer le peigne sur le selfie stick
- Gratter cette zone qui vous démange tant

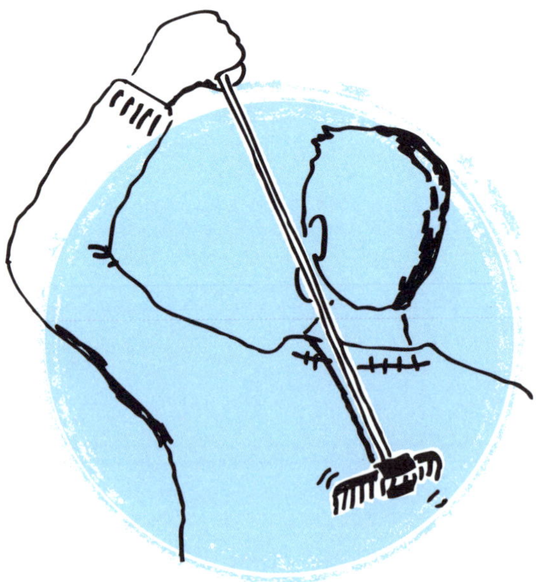

À SAVOIR

Vous pouvez gratter une girafe à distance grâce à cette invention.

FABRIQUER UN STYLET avec un paquet de chips

Vous avez envie d'envoyer un croquis ou un plan d'appartement, mais vous galérez à dessiner sur votre smartphone. Cette situation ne peut plus durer, vous décidez d'agir et d'acquérir un stylet. Voici comment en avoir un sans bouger de chez vous ni dépenser de sous.

MATÉRIEL NÉCESSAIRE :

- Un paquet de chips vide
- Un stylo
- Un élastique
- Des ciseaux

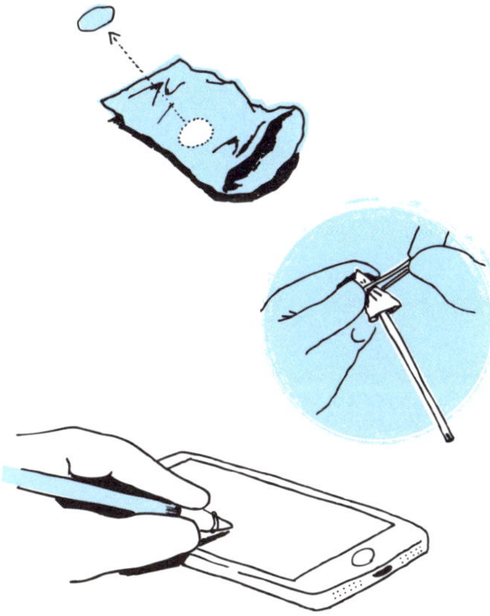

MARCHE À SUIVRE :

- Découper une petite partie du paquet de chips
- Entourer la pointe du stylo avec le papier fraîchement découpé (partie aluminium vers l'extérieur)
- Faire tenir le tout avec un élastique

POURQUOI ÇA CHANGE LA VIE ?

Au lieu de vous sentir coupable d'avoir (encore) mangé des chips, dites-vous que c'est pour vous aider à devenir le futur Picasso du tactile.

FAIRE DE LA MOUSSE de savon

Nous avons tous été dans une situation où nous avions urgemment besoin de mousse en grande quantité ! Bon ok, c'est peut-être exagéré. L'idée est de vous amuser et faire kiffer vos amis ou petits cousins. En plus, vous allez enfin pouvoir utiliser cette chaussette dont vous avez perdu la sœur jumelle.

MATÉRIEL NÉCESSAIRE :

- Un récipient pour l'eau
- Du savon liquide
- Une bouteille en plastique
- Une chaussette

MARCHE À SUIVRE :

- Préparer la solution savonneuse en mélangeant l'eau au savon
- Découper le fond de la bouteille
- Fixer la chaussette sur la bouteille
- Tremper le côté de la bouteille avec la chaussette dans le liquide
- Souffler dans le goulot de la bouteille

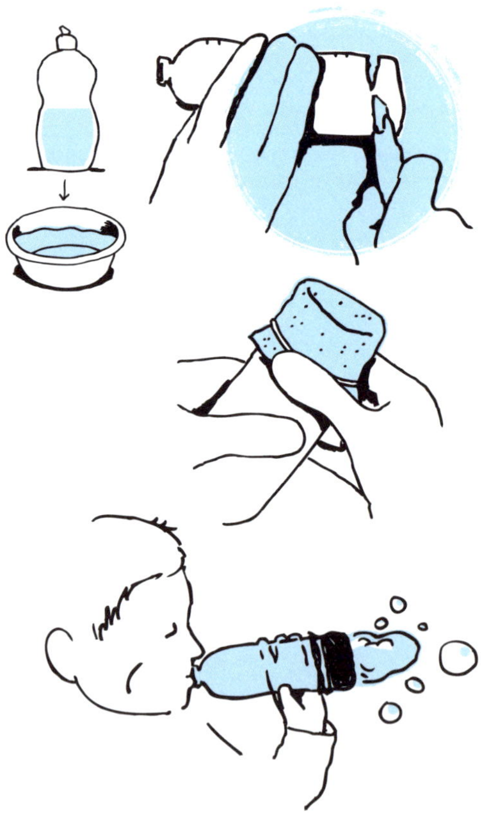

POURQUOI ÇA CHANGE LA VIE ?

Ben franchement, c'est pas magnifique ? J'avoue, ça casse pas 3 pattes à un canard. D'ailleurs qui casse 3 pattes à un canard ? Déjà, ça doit être super rare, mais si un jour on trouve un canard avec 3 pattes, ça serait dommage que la première idée soit de les lui casser.

MESURER DES OBJETS sans règle

Mois d'août, 40 °C à l'ombre, vous êtes sur une barque avec votre meilleur ami et votre canne à pêche (qui sont accessoirement la même personne). Il ne se passe rien depuis plus de deux heures, quand soudain, la ligne s'agite. Un silure d'environ 2 mètres vient de mordre à l'hameçon. Après une lutte acharnée, vous parvenez à le ramener sur la barque. Problème : vous n'avez rien pour mesurer votre trophée.

MATÉRIEL NÉCESSAIRE :

- Un billet de 5 euros
- Un objet quelconque

MARCHE À SUIVRE :

- Un billet de 5 euros mesurant environ 12 centimètres, il suffit de le reporter plusieurs fois sur l'objet pour calculer

À SAVOIR

De même, le billet plié en deux mesure 6 centimètres (et ainsi de suite). Cette astuce ne vous donne qu'une taille approximative, il faudra donc mesurer de nouveau le poisson une fois arrivé chez vous. Essayez tout de même de choisir des objets qui ne sentent pas le poisson pour préserver l'intégrité de l'expression « L'argent n'a pas d'odeur ».

REMERCIEMENTS DE DANIIL

Un grand merci à ma mère
qui m'a beaucoup aidé et conseillé
pour ce livre !

Retrouvez Daniil le Russe
sur sa chaîne YouTube.

© Éditions First, un département d'Édi8, 2018

Le Code de la propriété intellectuelle interdit les copies ou reproductions destinées à une utilisation collective. Toute représentation ou reproduction intégrale ou partielle faite par quelque procédé que ce soit, sans le consentement de l'auteur ou de ses ayants cause, est illicite et constitue une contrefaçon sanctionnée par les articles L. 335-2 et suivants du Code de la propriété intellectuelle.

ISBN : 978-2-412-03761-4
Dépôt légal : septembre 2018
Imprimé en Italie

Texte de Daniil Korchounov et Nabil Berериche

Direction artistique et réalisation de la couverture : Laure Faucon-Daniel
Mise en pages et illustrations : Guillaume Lab
Photographies : © Astrid Di Crollalanza
Préparation de copie : Judith Aquien
Correction : Anne-Lise Martin

Éditions First, un département d'Édi8
12, avenue d'Italie
75 013 PARIS – France
Tél. : 01 44 16 09 00
Fax : 01 44 16 09 01
E-mail : firstinfo@efirst.com
Site internet : www.editionsfirst.fr